KLEINE AUSZEITEN IM -ALTMÜHLTAL-

KLEINE AUSZEITEN IM

-ALTMÜHLTAL-

BRUCKMANN

INHALT

Idylle am Camping Waldsee in Wallesau bei Roth im Fränkischen Seenland

ZWISCHEN FACHWERK & FELSEN

Eine Entdeckungstour

Abendliches Rothenburg hoch über dem Taubertal

Vom Quellgebiet bei Rothenburg ob der Tauber bis zu ihrer Mündung in die Donau durchfließt die Altmühl eine uralte und reiche Kulturlandschaft, in der viele Epochen der Erd- und Menschheitsgeschichte ihre bis heute sichtbaren Spuren hinterlassen haben. Es gilt etliche berühmte und kaum bekannte Sehenswürdigkeiten zu entdecken und die landschaftliche Schönheit von Landstraßen, Radwegen und Wanderpfaden aus zu genießen. Jedes Gebiet hat seinen eigenen Reiz und eröffnet unterschiedlichste Möglichkeiten, es zu erleben.

Das in diesem Buch beschriebene Gebiet rund um die Altmühl erstreckt sich auf rund 130 Kilometer Luftlinie zwischen Quelle und Mündung in die Donau. Es verläuft durch Franken, Schwaben und Oberbayern, drei Regionen, die zwischen dem Nördlinger Ries und der Altmühl im Dreiländereck zusammentreffen. Jede hat ihren eigenen Dialekt, ihre eigene Kulturgeschichte, ihre eigenen Spezialitäten. Urige Gasthäuser und Biergärten mit regionaler Küche und guten Bieren findet man aber überall.

ABWECHSLUNGSREICHES LAND

Am Rande des Quellgebiets liegt Rothenburg ob der Tauber, eine der schönsten und romantischsten historischen Städte, die Deutschland zu bieten hat. Bei Kelheim mündet die Altmühl in die Donau, die hier gerade die Weltenburger Enge durchbrochen hat, eines der landschaftlich spektakulärsten Flusstäler. Dazwischen liegen zahllose bedeutende Orte, romantische Kleinode, liebliche Täler, Burgen und Ruinen auf steilen Felsen, mittelalterliche Städte, barocke Kirchen und Klöster, spannende Museen, Römerausgrabungen entlang des Weltkulturerbes Limes und Unzähliges mehr. Die Natur bietet vielfältige Möglichkeiten für verschiedene Aktivitäten: Wanderungen über die Höhen des Altmühltals, durch einsame Seitentäler und dichte Wälder; oder Fahrradtouren entlang der Flüsse und Seen oder sportlich hinauf auf die Höhen der Fränkischen Alb. Darüber hinaus sind Bootstouren auf traumhaften Flussabschnitten möglich, in Klettergärten kann man sich zwischen Baumwipfeln austoben oder Felswände erklettern und in alten Steinbrüchen mit Hammer und Meißel selbst auf Fossiliensuche gehen. Oder man nutzt die zahlreichen Seen zum Sonnenbaden, Schwimmen, Windsurfen oder Wasserskifahren.

OBERES ALTMÜHLTAL

Die Altmühl entspringt an mehreren Stellen in einem Quellgebiet auf der Frankenhöhe, über die die Europäische Wasserscheide verläuft. Alle Wasser, die auf ihrer Südseite entspringen wie die Altmühl, fließen früher oder später über die Donau ins Schwarze Meer, während alle anderen, etwa die nahe vorbeifließende Tauber, über Main und Rhein zur Nordsee gelangen.

Schon hier, im Oberen Altmühltal rund um das Quellgebiet in einem idyllischen Wald, gibt es Einmaliges zu sehen, vom über der Tauber gelegenen Touristenmagneten Rothenburg über das historische Wildbad, das nette Burgbernheim, das inmitten einmaliger Streuobstwiesen liegt, bis zur gut erhaltenen Burg Colmberg hoch über dem Tal. Im weiteren Verlauf schlängelt sich der Fluss träge durch eine weite Ebene, vorbei an kleinen, mittelalterlichen Städten, die heute noch von einer Stadtmauer umgeben sind. Und in der nahen, sanften Hügellandschaft lädt die einstige Residenzstadt Ansbach mit Schloss, Orangeriegarten und einer malerischen Altstadt zu einer ausgiebigen Besichtigung ein.

IM FRÄNKISCHEN SEENLAND

Südlich von Ornbau wird das Wasser der Altmühl teilweise in die künstlich angelegten Stauseen Altmühl- und Brombachsee umgeleitet. Diese dienen als Zwischenspeicher, um bei Bedarf Wasser in die nördlich der Wasserscheide gelegenen trockeneren Gebiete Richtung Main abzugeben. Sie wurden in der zweiten Hälfte des 20. Jahrhunderts gleich mit bester Infrastruktur für Badespaß und Wassersport als Naherholungsgebiet angelegt. Dadurch sind reichlich Parkplätze, aber auch Wohnmobilstellplätze und Campingplätze vorhanden.

Im nördlich anschließenden Spalter Hügelland, das früher ein bedeutendes Hopfenanbaugebiet war, kann man in abwechslungsreicher Landschaft in Wäldern mit Schluchten und Felsen wandern und Fahrradtouren machen. Für die Altstadt von Spalt mit ihren engen Gassen, historischen Bauwerken und dem HopfenBierGut sollte man etwas mehr Zeit einplanen. Auch Georgensgmünd und Abenberg bieten Historisches. In der Pflugsmühle kann man sich beim Swingolf entspannen oder im Waldstrandbad Windsbach mit seinem 100-Meter-Schwimmbecken erholen.

◀ Igelsbachsee, Teil des Brombachsees ▶ Junge Störche in Gunzenhausen

In der Nähe des Rothsees mit Wohnmobilstellplatz am Badestrand im östlichen Teil des Fränkischen Seenlands liegen die beiden sehenswerten Städte Roth und Hilpoltstein. Das Industriemuseum und die Altstadt von Roth mit dem Schloss lassen sich vom Stellplatz aus gut erreichen. Hilpoltstein wartet mit einer Renaissanceresidenz und einer Burgruine auf, in der Freilichttheater gespielt wird. Beide Städte verbindet der Mühlenweg, an dem man das Industriemuseum Historischer Eisenhammer nicht verpassen sollte. Inmitten eines großen Waldgebiets liegt an einem Badeteich ein moderner Campingplatz für Ruhesuchende.

WEISSENBURGER ALB

Nachdem die Altmühl den Brombachsee passiert hat, erreicht sie Treuchtlingen. Zwischen Treuchtlingen und Weißenburg ist die Fossa Carolina erhalten geblieben, ein früher Vorläufer des Main-Donau-Kanals aus dem 9. Jahrhundert. Weißenburg hat eine wunderschöne Altstadt mit mächtiger Stadtmauer, der man den hohen Status der Freien Reichsstadt heute noch ansieht. Ähnlich prächtig, aber aus der Epoche des Barock, stammt die nahe gelegene Residenz Ellingen.

Südwestlich der Weißenburger Alb hat vor 15 Millionen Jahren ein Meteorit das Nördlinger Ries geschaffen. Hier liegen heute Nördlingen mit seiner wunderschön erhaltenen Altstadt, die Residenzstadt Oettingen und das malerische Kleinod Wemding. Entlang des Kraterrands trifft man auf zahlreiche bedeutende Burgen und Schlösser, keltische Ringwälle und geheimnisvolle Karsthöhlen.

Schloss Ellingen, barocke Pracht bei Weißenburg

BURGEN UND FELSEN

Ab Treuchtlingen wandelt sich das Landschaftsbild: Die Altmühl fließt durch ein enges Tal mit steilen Berghängen, Felsen, Wäldern und Wacholderheiden. So schlängelt sie sich tief eingegraben durch die Fränkische Alb und kommt bald am verträumt in einer Flussschleife liegenden Pappenheim vorbei. Solnhofen mit seinen Steinbrüchen, in deren man Fossilien suchen kann, und dem Bürgermeister-Müller-Museum ist das Zentrum der Paläontologie. Dort trifft man auch auf die 12 Apostel, die berühmtesten Felsen im ganzen Tal. Auch in Dollnstein ragt ein pittoresker Felsen auf, der vor allem bei Kletterern berühmt ist. Hier trifft das breite Wellheimer Trockental auf das Altmühltal, durch das früher die Donau floss. Dort, wo sie heute fließt, liegt die prächtige Renaissancestadt Neuburg an der Donau, das Ziel für einen Abstecher zu einem der kulturellen Höhepunkte. Ein weiteres Highlight ist die vom Barock geprägte Domstadt Eichstätt mit ihren Palästen, Klöstern und Kirchen an der Altmühl, an der auch der zentrumsnahe Wohnmobilstellplatz liegt. Bei Pfünz hinterließen die Römer mit ihrem Kastell Vetoniana ihre bis heute sichtbaren Spuren.

KELTEN UND KANÄLE

Um Thalmäßing kann man in die Vor- und Frühgeschichte eintauchen, bevor man sich über das historische Greding dem Altmühltal bei Kinding mit seiner mittelalterlichen Kirchenburg nähert. Über das idyllische Anlautertal erreicht man den Limes, dessen Verlauf hier noch gut erkennbar ist und direkt nach Kipfenberg führt, dem geografischen Zentrum Bayerns. Von hier aus schlängelt sich die Altmühl langsam durch das burgenbewehrte Tal nach Beilngries mit seinem berühmten Schloss Hirschberg.
Die Altstadt lockt mit ihrem außergewöhnlichen gastronomischen Angebot viele Besucher an. Nicht wenige kommen mit Flusskreuzfahrtschiffen über den Main-Donau-Kanal, der sich hier, aus dem Norden kommend, das relativ enge Tal mit der Sulz und dem alten Ludwig-Donau-Main-Kanal teilt. Ein kulturelles Highlight mit traumhaft gelegenem Wohnmobilstellplatz ist das Kloster Plankstetten, in dem noch Mönche leben und biologische Landwirtschaft betreiben. Ein Traum von einem mittelalterlichen Städtchen mit gleich zwei Stadtmauern, garniert mit zahllosen Türmen, ist Berching, die Heimat von Christoph Willibald Gluck. Auf König Ludwigs altem Kanal kann man sich wie zu des Königs Zeiten in einem Schiff treideln lassen.

SIEBEN TÄLER

Bei Dietfurt im Zentrum von sieben Tälern, die sich dort treffen, vereinigen sich auch die Altmühl und der Main-Donau-Kanal. Das sympathische Städtchen, das seit Jahrhunderten als Bayerisch China gilt, bietet mit christlichem Zen-Kloster, QiGong-Rundweg, Kneippanlage, Naturerlebniswegen, Mühlen- und Wagnereimuseum und dem historischen Gasthof Stirzer das Beste für Leib und Seele.
Weit zurück in die Erdgeschichte kann man im Dinosauriermuseum reisen und spektakuläre Fossilien aus der Region bestaunen. Zwischen Dietfurt und Kelheim zieht sich der Archäologiepark Altmühltal mit 18 Stationen entlang, die zeigen, wie die Menschen in den früheren Epochen zwischen Neandertalern und Kelten lebten. Immer wieder stößt man in dieser Region auch auf Reste des alten Donau-Main-Kanals mit Schleusen und den neoklassizistischen Schleusenwärterhäuschen. Auf steil aufragenden Felsen thronen Burgen und Burgruinen, in den Höhlen zu ihren Füßen lebten in der Steinzeit Menschen.

Bei Riedenburg bieten ein Freizeitpark mit Sommerrodelbahnen und Quadparcours und ein Badesee abwechslungsreiche Freitzeitaktivitäten. Über der Altstadt erheben sich gleich drei Burgen, durch einen spannenden Wanderpfad verbunden. Im Kristallmuseum kann man den größten Bergkristall der Welt besichtigen und in zwei außergewöhnlichen Biergärten den hier gebrauten Gerstensaft genießen. Das hier mündende Schambachtal lädt ein, mit dem Rad auf dem Bahntrassen-Radweg erkundet zu werden. An der wassergetriebenen Hammerschmiede in Hexenagger sollte man unbedingt halten und in Altenstein die Burg und das Kruzifix von Ignatz Günther besichtigen. Auch ein Abstecher zum Hopfen-Erlebnishof lohnt sich nicht nur für Bierliebhaber.

IM UNTEREN ALTMÜHLTAL

Zurück im Altmühltal, krönt die Burg Prunn als eine der besterhaltenen Burgen Bayerns und Wahrzeichen der Region eine mächtige Felswand. In der Nähe überspannt eine der größten Holzbrücken Europas den Fluss. Das malerische, an einem Altarm der Altmühl gelegene Städtchen Essing mit der alten Holzbrücke klebt am Fuße einer gigantischen Felswand, überragt von der Burgruine Randeck. Tief im Fels verborgen liegt eine weitere natürliche Sehenswürdigkeit: die Tropfsteinhöhle Schulerloch. Hier ist bald das Ende des Altmühltals erreicht, wo die schöne Stadt Kelheim an der Mündung in die Donau liegt. Dort endet auch der Ludwig-Kanal im erhalten gebliebenen alten Hafen. Als letzte Station des Archäologieparks kann man das bedeutende Archäologische Museum besichtigen. Überragt wird die Stadt, in der das Weißbier erfunden wurde, von der kürzlich stilvoll sanierten Befreiungshalle. Von ihr aus blickt man auf die Donau an der Weltenburger Enge.

FELSENKULISSE AN DER DONAU

Das auch Donau-Durchbruch genannte und an landschaftlicher Dramatik kaum zu überbietenden Flusstal bestaunt man am besten vom Schiff aus, das in Kelheim ablegt und durch die Enge bis zum Kloster Weltenburg fährt. Die Erbauer der Abtei mit der außergewöhnlich schönen Klosterkirche hatten offensichtlich Sinn für einen Standort in perfekter Kulisse. Donauaufwärts begegnet man wieder den Hinterlassenschaften der Römer

Camping am Main-Donau-Kanal bei Dietfurt an der Altmühl

am Weltkulturerbe Limes. In der römischer Badekultur nachempfundenen Limes-Therme in Bad Gögging bietet der Wohnmobilstellplatz Badegenuss vom Feinsten und im benachbarten Abensberg das Brauhaus Kuchlbauer den Versuch einer Verknüpfung von Kunst und Braukunst, wofür Hundertwasser einen traumhaften Aussichtsturm errichtet hat.

CAMPINGFREUDEN UND FAHRVERGNÜGEN

Als Basis für all die Aktivitäten oder einfach für eine Zwischenübernachtung gibt es ein großes Angebot an Wohnmobilstellplätzen und Campingplätzen, von denen in jedem Kapitel zwei bis drei ausführlich beschrieben werden. Ob zentral und für eine Altstadtbesichtigung günstig gelegene Reisemobilhäfen, idyllisch gelegene Stellplätze oder komplett ausgestattete Campingplätze mit allem Komfort – das Angebot ist vielfältig. Einige Wohnmobilstellplätze sind kostenlos, bei vielen bezahlt man eine im Vergleich zu anderen Regionen in Deutschland moderate Übernachtungsgebühr, meist für 24 Stunden am Parkscheinautomaten.

Wer Freude am gemütlichen Fahren auf Landstraßen hat, die sich durch schöne Landschaften schlängeln, kommt hier voll auf seine Kosten. Die Straßen sind gut ausgebaut, steile Anstiege und Haarnadelkurven gibt es nur selten. Da die Region vorwiegend ländlich geprägt ist mit Dörfern und kleinen Städtchen, ist auch das Parken in der Regel unproblematisch. Und die meisten der im Buch beschriebenen größeren Orte haben einen zentrumsnahen Wohnmobilstellplatz, von dem aus man eine Stadtbesichtigung auch zu Fuß starten kann.

ROMANTISCHE FRANKENHÖHE

Von Rothenburg ins Quellgebiet der Altmühl

Die mittelalterliche Burg Colmberg dient heute als Hotel und Restaurant.

Am Rande des Naturparks Frankenhöhe liegt eine der schönsten Städte Deutschlands: Rothenburg ob der Tauber. An der Europäischen Wasserscheide in der Nähe von Burgbernheim entspringt in einem stillen Waldgebiet die Altmühl. Die auf einem Bergkegel liegende Burg Colmberg bietet einen beeindruckenden Ausblick auf den Naturpark.

Die stille, vorwiegend bäuerlich geprägte, hügelige Landschaft der Frankenhöhe mit ihren Wäldern, Streuobstwiesen, vielen Quellflüssen und Grünflächen dient zahlreichen Tieren und Pflanzen als Lebensraum. Die höchsten Erhebungen ihres bewaldeten Bergrückens erstrecken sich zwischen dem kulturhistorischen Kleinod Rothenburg ob der Tauber und dem idyllischen Burgbernheim.

MÄRCHENHAFTES ROTHENBURG

Die historische Altstadt von Rothenburg lässt sich wunderbar von zwei Wohnmobilstellplätzen aus zu Fuß erreichen. Sie befinden sich auf dem P2 in 200 Meter Entfernung vom südlichen Stadttor in der Spitalbastei und auf dem P3 in etwa 500 Metern vom Galgentor. Die meisten der Straßen in der Altstadt führen auf den im Zentrum gelegenen Marktplatz zu. Die im 12. Jahrhundert gegründete Stadt, die schon 1274 reichsunmittelbar wurde, erreichte ihre Blüte um 1400, verlor aber nach dem Dreißigjährigen Krieg an Bedeutung. Einer konservativen Politik nach dem Zweiten Weltkrieg ist es wohl zu verdanken, dass der Stadt die damals üblichen Modernisierungsmaßnahmen und eine autogerechte Umgestaltung erspart blieben und man heute, weitgehendst von Autoverkehr unbehelligt, statt auf Verbundsteinpflaster im üblichen Fußgängerzonendesign über mittelalterliches Kopfsteinpflaster mit Bürgersteigen beiderseits der Straßen laufen kann. Dies wissen auch die meisten der jährlich rund zwei Millionen Touristen zu schätzen, die die Stadt besuchen.
Am **Marktplatz** beeindruckt das riesige **Rathaus** mit seiner prunkvollen Renaissancefassade. Es besteht im Wesentlichen aus zwei Gebäudeteilen, wobei sich hinter dem Renaissancebau ein älteres Gebäude befindet; beide sind durch einen malerischen Innenhof getrennt. Von dort kann man auch hinuntersteigen in das **Historiengewölbe mit Staatsverlies**. Auch den 60 Meter hohen **Rathausturm** kann man über 220 Stufen erklimmen und von dort die

Aussicht genießen. Nördlich des Rathauses liegt die gotische Pfarrkirche **St. Jakob** mit gleich zwei bedeutenden geschnitzten Altären. Der Hochaltar von Friedrich Herlin (1466), den man beim Betreten als Erstes erblickt, ist einer der bedeutendsten Deutschlands. Die Kirche hat im Westen einen weiteren Chor mit dem 1505 von Tilman Riemenschneider geschaffenen Meisterwerk des Heiligblutaltars. Ein Stück weiter in westlicher Richtung, im ehemaligen Dominikanerinnenkloster an der Stadtmauer, befindet sich das **RothenburgMuseum**. Es befasst sich mit der Stadtgeschichte und zeigt außer einer umfangreichen Waffensammlung und der alten Klosterküche auch eine Gemäldegalerie mit Werken bekannter Meister, die schon im 19. Jahrhundert Rothenburg als aus der Zeit gefallenes Kleinod entdeckt hatten. Wenn man die Herrngasse, die am Marktplatz beginnt, Richtung Westen geht und das Burgtor durchquert, erreicht man den **Burggarten**. Er erstreckt sich auf einem Felssporn über einer Tauberschleife und bietet malerische Ausblicke auf das Taubertal und einen Teil der Stadtmauer mit den Dächern der Altstadt, vor allem im Abendlicht ein schönes Fotomotiv.

Die Stadtmauer, die die Altstadt vollkommen umschließt, ist in weiten Teilen jederzeit begehbar. Erkunden kann man sie auf dem vier Kilometer langen **Rothenburger Turmweg** entlang der 42 Türme und sechs Tore in ca. 2,5 Stunden. Auf Informationstafeln und in einer Broschüre wird die Geschichte Rothenburgs beschrieben.

◀ Stadtmauer mit Wehrgang ▶ Innenhof des Renaissance-Rathauses

Rothenburg ob der Tauber – das Plönlein mit dem Sieberstor

Gegenüber der Südseite des Rathauses in der Herrngasse können Weihnachtsfans bei **Käthe Wohlfahrt** das ganze Jahr über Weihnachtsdeko kaufen oder nebenan das **Deutsche Weihnachtsmuseum** besichtigen. Vom Marktplatz aus erreicht man über die Obere Schmiedgasse das wenig besuchte, aber umso interessantere **Mittelalterliche Kriminalmuseum** mit einer spektakulären Sammlung an Folterinstrumenten und Schandmasken.

ALTMÜHLTAL-RADWEG In Rothenburg startet der Altmühltal-Radweg, einer der beliebtesten Radfernwege Deutschlands. Er schließt an den Taubertal-Radweg an und folgt über 250 Kilometer dem Verlauf der Altmühl bis zu ihrer Mündung in die Donau bei Kelheim. Ebenso gemütlich wie der Lauf der Altmühl als einer der langsamsten Flüsse Deutschland ist der Verlauf des Radwegs – äußerst entspannend, dafür reich an landschaftlichen und kulturellen Erlebnissen.

Burgbernheim liegt in einem Meer von alten Streuobstwiesen.

LÄNDLICHE IDYLLE – BURGBERNHEIM

Der staatlich anerkannte Erholungsort Burgbernheim ist ein nettes Städtchen mit zahlreichen unter Denkmalschutz stehenden Fachwerkhäusern und einer **Kirchenburg** mit einem prächtigen **Torhaus** aus dem 16. Jahrhundert aus Fachwerk, über dem sich die Stadtpfarrkirche **St. Johannis** erhebt. Der heutige Kirchenbau stammt aus der Mitte des 15. Jahrhunderts, das romanische Portal von 1102 von einem Vorgängerbau. Kirche und Torhaus bildeten einst eine beeindruckende Friedhofs-Befestigungsanlage. Ebenso spektakulär, wenngleich auf ganz andere Art, ist das die Kleinstadt umgebende Meer von **Streuobstwiesen**. Rund 30 000 Obstbäume, darunter viele alte Sorten von Apfel-, Birn-, Zwetschgen- und Kirschbäumen, verwandeln das Gebiet im Frühling in ein prächtiges Blütenmeer – ein Paradies für Spaziergänger. In ruhiger Lage beim modernen Freibad zwischen Minigolfplatz und einem großen Heckenlabyrinth liegt ein immer gut besuchter Wohnmobilstellplatz, eine Oase für Erholungsuchende.

WILDBAD – EIN KLEINOD MIT HISTORIE

Direkt oberhalb auf einem Bergrücken, über den die **Europäische Hauptwasserscheide** verläuft, erstreckt sich der dichte **Stadtwald** von Burgbernheim. Biegt man an der Kreuzung Richtung **Wildbad** ab, führt eine Straße in ein Tal hinunter, in dem sich der dichte Wald plötzlich zu einer Lichtung öffnet mit einem verwunschen daliegenden Fachwerkensemble und dem Waldgasthof Wildbad. Dieser Ort hat als Mineralheilbad eine

längere Geschichte, als der erste Eindruck ahnen lässt. Die Quellen in diesem Tal waren schon zu Zeiten von Kaiser Lothar III. und Karl IV. bekannt. 1487 wurde das erste Haus erbaut, Anfang des 18. Jahrhunderts errichtete man neue Kuranlagen und 1864 ein neues Badehaus. Aber die Konkurrenz von Bad Windsheim und Bad Steben war auf Dauer zu groß. Seit dem 19. Jahrhundert wurde an den Gebäuden kaum noch etwas verändert.

WALDGASTHOF WILDBAD Heute kommt man vor allem zum Essen nach Wildbad. In den Gästezimmern des netten Familienbetriebs übernachten viele Erholungssuche. Und im stilvollen Restaurant mit idyllischem Biergarten wird frische fränkische Regionalküche geboten. Eine der Spezialitäten ist der Spiegelkarpfen aus dem nahen Aischgrund (waldgasthof-wildbad.de).

Zurück an der Kreuzung, von der die Sackgasse nach Wildbad abzweigt, erreicht mach rechts Richtung Hornau nach wenigen Hundert Metern den im Wald unweit der Straße liegenden **Hirschteich**. Da es dort keine Parkmöglichkeit gibt, hält man besser am Wanderparkplatz direkt an der Kreuzung und geht etwa 500 Meter zu Fuß auf einem Waldweg zum Teich, der als eine der **Altmühlquellen** gilt. Im Wald gibt es noch weitere kleine Wasserläufe, die sich ebenfalls als solche bezeichnen und deren Wasser schließlich im **Hornauer Teich** etwa zwei Kilometer weiter südlich zusammentreffen. Den Weiher erreicht man von der Landstraße auch mit

◀ Historisches Wildbad mit Waldgasthof ▶ Gebratene Forelle mit Mandelsplittern

dem Wohnmobil. Am Ufer steht ein großer Naturstein mit der Inschrift **»Ursprung der Altmühl«**. Diese durch den Stein markierte Stelle wurde 1904 von einer amtlichen Kommission aus München als Ursprung der Altmühl definiert. Tatsächlich hat der Fluss keine eigentliche Quelle; stattdessen handelt es sich um ein Quellgebiet mit mehreren kleinen Quellen.

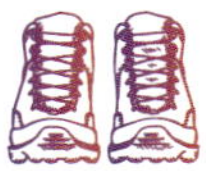

DIE EUROPÄISCHE WASSERSCHEIDE durchquert Europa von Südspanien bis Russland. Nördlich von ihr fließt alles Wasser in den Atlantik, südlich in das Mittelmeer und das Schwarze Meer. Der Abschnitt in Süddeutschland trennt die Einzugsgebiete von Rhein und Donau. Hier führt ein regionaler Wanderweg auf etwa 100 Kilometern von Ansbach nach Schelldorf auf den Höhen des Naturparks Frankenhöhe durch Wälder, Wiesen und Trockenrasenflächen.

COLMBERG – EIN ORT FÜR GENIESSER

Etwa 14 Kilometer vom Hornauer Weiher entfernt erreicht man über gemütliche Landstraßen durch das Tal der noch jungen Altmühl das Städtchen Colmberg, das von der gleichnamigen **Burg Colmberg** überragt wird. Der direkte Weg von Rothenburg ob der Tauber (Entfernung etwa 17 Kilometer) ist die St 2250. Die Lage der Burg auf dem über 500 Meter hohen Felssporn, von wo aus man heute einen äußerst fotogenen Aus-

◀ Altmühl-Ursprung ▶ Am Europäischen Wasserscheideweg bei Ermetzhof

Golfplatz des Golf Clubs Ansbach unterhalb der Burg Colmberg

blick auf das weite Altmühltal hat, war von strategischem Vorteil, weshalb sie in ihrer Geschichte nie eingenommen wurde. Ein mächtiger Erdwall und Gräben dienten zusätzlich der Befestigung. Die Ringmauer und der mächtige Palas stammen noch aus romanischer Zeit, als die heutige Burg gegründet wurde. Sicher gab es hier schon Vorgängerbauten, da man auf der Anhöhe auch Reste aus keltischer Zeit gefunden hat. In karolingischer Zeit soll es eine hölzerne Palisadenburg gegeben haben. Staufische Kaiser erbauten dann die Burganlage, die für 500 Jahre in den Besitz der Hohenzollern überging.

1964 erwarb schließlich die Colmberger Familie Unbehauen die Burg und baute sie zum **Schlosshotel** aus, das heute noch betrieben wird – mit schönem Restaurant im Palas und einem stimmungsvollen Innenhof. In Familienbesitz ist auch der große Wirtschaftshof, dessen **Gaststätte Gutshof** gute fränkische Küche bietet. Und unterhalb der Burg liegt in einmaliger Hanglage der 19-Loch-Platz des **Golfclubs Ansbach**, der seinen Gästen auch gleich einen Wohnmobilstellplatz (allerdings ohne Ver- und Entsorgung) auf grünem Rasen zur Verfügung stellt.

BADEWEIHER Am Rande des Golfplatzes Colmberg im Birkwiesengraben liegt auch ein kleiner öffentlicher Badeweiher, der von einer eigenen Quelle gespeist wird und an heißen Tagen willkommene Erfrischung bietet.

AUF EINEN BLICK

STADT/REGION: Rothenburg ob der Tauber, Frankenhöhe
BESTE REISEZEIT: Frühling bis Herbst
OPTIMALE REISEDAUER: 2 Tage
TOURISTINFO: Rothenburg Tourismus Service, Marktplatz 2, 91541 Rothenburg ob der Tauber, Tel. 09861/40 48 00, info@rothenburg.de, rothenburg-tourismus.de
Tourist-Information Burgbernheim, Rathausplatz 1, 91593 Burgbernheim, Tel. 09843/309 34, tourist@burgbernheim.de

SEHENSWÜRDIGKEITEN

ROTHENBURGMUSEUM: Klosterhof 5, 91541 Rothenburg ob der Tauber, Tel. 09861/93 90 43, museum@rothenburg.de
DEUTSCHES WEIHNACHTSMUSEUM: Herrngasse 1, 91541 Rothenburg ob der Tauber, Tel. 09861/40 93 65, museum@wohlfahrt.com
MITTELALTERLICHES KRIMINALMUSEUM: Burggasse 3–5, 91541 Rothenburg ob der Tauber, Tel. 09861/53 59, info@kriminalmuseum.eu
BURG COLMBERG: Burg Colmberg 1, 91598 Colmberg, Tel. 09803-9 19 20

WOHNMOBILSTELLPLATZ P2 NÖRDLINGER STRASSE

ADRESSE: Nördlinger Straße, 91541 Rothenburg ob der Tauber, Tel. 09861/40 48 00, info@rothenburg.de, rothenburg.de
ANFAHRT: A 7 Ausfahrt 108 Rothenburg o. T. Richtung Rothenburg, nach 1,6 km vor Aral-Tankstelle links abbiegen, nach 900 m links zum P 2, rechts Einfahrt zum Stellplatz.
GPS: 49.37049, 10.18351
Abgegrenzter Bereich des P2, nur für Wohnmobile. Stellplätze auf Rasenpflastersteinen. Straße in Hörweite, Stromsäulen an den Stellplätzen, Parkscheinautomat oder Parkster-App, Ver- und Entsorgung mit Bodeneinlass, öffentliche kostenlose Toilette. Wenn belegt, befindet sich in unmittelbarer Nähe ein großer gebührenpflichtiger Parkplatz für alle Fahrzeugarten (ebenfalls P2). Die Altstadt ist nur 200 m entfernt.

◀ Stellplatz P3 in Rothenburg ▶ Stellplatz am Freibad Burgbernheim

WOHNMOBILSTELLPLATZ P3 SCHWEINSDORFER STRASSE

ADRESSE: Laiblestraße 12, 91541 Rothenburg ob der Tauber, Tel. 09861/40 48 00, rothenburg.de

ANFAHRT: A 7 Ausfahrt 108 Rothenburg o. T. Richtung Rothenburg, nach Aral-Tankstelle rechts und am Bahnhof vor dem Einkaufszentrum links abbiegen. Nächste große Kreuzung rechts und nächste links abbiegen zum P3.

GPS: 49.38185, 10.18853

Großparkplatz für Pkw, Lkw, Busse und Wohnmobile in separaten Bereichen. Asphaltiertes Gelände, mit Linien getrennte Stellplätze, leicht schräg, keine Stromsäulen, einige große Bäume. Öffentliche kostenlose Toilette, Parkscheinautomat oder Parkster-App, Ver- und Entsorgung mit Bodeneinlass. Günstig gelegen für einen Besuch der Altstadt, die man zu Fuß nach nur 500 m erreicht.

WOHNMOBILSTELLPLATZ AM FREIBAD BURGBERNHEIM

ADRESSE: Im Gründlein 6, 91593 Burgbernheim, Tel. 09843/309 34, burgbernheim.de

ANFAHRT: A 7 Ausfahrt 107 Bad Windsheim, auf die B 470 Richtung Bad Windsheim, Abzweigung nach Burgbernheim, durch die Ortsmitte Richtung Freibad, am Freibad vorbei leicht rechts halten, Stellplatz liegt hinter dem Minigolfplatz.

GPS: 49.44641, 10.31892

Idyllisch und ruhig gelegener kostenloser Stellplatz am Ende einer Sackgasse. Ver- und Entsorgung mit Bodeneinlass. Teils schattig, ebene Stellplätze auf Rasenpflastersteinen zwischen Streuobstwiese, Bäumen, Büschen und einem öffentlich zugänglichen Heckenlabyrinth. Idealer Ausgangspunkt für Wanderungen und Radtouren.

VOM MITTELALTER BIS ZUM ROKOKO

Im oberen Altmühltal

Mittelalterliche Altmühlbrücke in Ornbau

Rund um die sympathische und lebendige ehemalige Residenzstadt Ansbach, in der man gut einen ganzen Tag verbringen kann, liegen in der ländlichen Idylle des oberen Altmühltals zahlreiche Ausflugsziele. In der ganzen Region um Ansbach gibt es schöne kleine Städtchen zu entdecken, mittelalterliche Brücken überspannen die Altmühl, und Störche klappern hoch oben auf alten Türmen.

Nach einem ausgiebigen Bummel durch die malerische, bestens sanierte und von Studenten und kulturinteressierten Touristen belebte Altstadt von Ansbach, die auch dazu einlädt, kunsthistorische Sehenswürdigkeiten zu bestaunen, zu shoppen und gut einzukehren, geht es hinaus in die weitere Umgebung. Dort reihen sich schöne kleine bis kleinste Städte wie auf einer Perlenschnur aneinander: Wolframs-Eschenbach, Merkendorf, Ornbau, Schloss Sommersdorf, Herrieden und Leutershausen. Sie alle kann man wunderbar auf einer Rundfahrt kennen und schätzen lernen.
Ansbach hat einen als Wohnmobilstellplatz ausgewiesenen Parkplatz am westlichen Stadtrand in gut einem Kilometer Entfernung zur Altstadt. Er ist kostenlos und hat sogar Stromanschlüsse, liegt aber unmittelbar an einer auch nachts befahrenen lauten Bahnlinie und ist deswegen zum Übernachten nur bedingt empfehlenswert. Eine günstig gelegene, aber kostenpflichtige Parkmöglichkeit auch für Wohnmobile im Zentrum ist der Parkplatz Hofwiese, der allerdings gelegentlich für Veranstaltungen genutzt wird.

BAROCKE RESIDENZSTADT ANSBACH

Die Stadt Ansbach, die aus einem im 8. Jahrhundert gegründeten Benediktinerkloster hervorging, wurde im Jahr 1221 erstmals urkundlich erwähnt. Knapp 200 Jahre später, 1415, wurden die hier regierenden Burggrafen zu Markgrafen erhoben, aus denen sich das Geschlecht der fränkischen Zollern Markgrafen von Brandenburg-Ansbach entwickelte. In der Blütezeit der Stadt im 18. Jahrhundert entstanden die wesentlichen Bauten der Markgrafen, darunter die Residenz, die Orangerie, die Synagoge und das Retty-Palais. 1791 fiel das Fürstentum an Preußen und 1830 schließlich an Bayern. Heute ist Ansbach Sitz der Regierung von Mittelfranken.

Am östlichen Rand der Altstadt steht das vierflügelige **Residenzschloss**, das von einem italienischen Architekten entworfen wurde. Kaum ein anderes Barockschloss in Deutschland konnte seinen ursprünglichen Zustand so gut bewahren. Eine Führung durch die stimmungsvollen Innenräume ist besonders lohnend. Etwas östlich liegt die ausladende **Orangerie** mit dem **Hofgarten**, in dem 1833 das geheimnisumwitterte Findelkind Kaspar Hauser ermordet wurde.

Alljährlich Anfang Juli erwachen Rokoko und Barock, die die Architektur der Residenzstadt prägen, im Rahmen der viertägigen **Rokoko-Festspiele** zum Leben und verzaubern die Stadt und ihre Besucher auf besondere Weise. Die abendlichen Veranstaltungen im Hofgarten vor der Orangerie mit zahllosen Teilnehmern in historischen Kostümen, mit Musik und barockem Feuerwerk gehören zu den unvergesslichen Höhepunkten.

Im Westen der Residenz schließt sich die malerische **Altstadt** an, eine Perle der Gotik, Renaissance und des Barock mit wunderbaren Bürgerhäusern und Palais. Unbedingt sehenswert sind auch die Kirche **St. Gumbertus**, die aus dem Kloster hervorging, das als Keimzelle Ansbachs git, und **St. Johannis**, eine herrliche spätgotische Kirche aus dem 15. Jahrhundert. In der Rosenbadstraße befindet sich heute noch die unzerstört gebliebene **Synagoge**, die vom selben italienischen Architekten entworfen wurde, der auch für das Schloss verantwortlich zeichnete.

◀ Barocke Residenz Ansbach ▶ Leonhard-Fuchs-Garten am Hofgarten

◀ Fürstengruft der St.-Gumbertus-Kirche ▶ Rokoko-Festspiele in Ansbach

DIE ANSBACHER BRATWURST ist eine besondere regionale Spezialität, die bereits 1430 urkundlich erwähnt wurde und deren erlaubte Zutaten im 15. und 16. Jahrhundert festgelegt wurden. Seit 2011 können Touristen an der »Ansbacher Bratwurstführung« teilnehmen. Einen wunderschönen Biergarten unter alten Bäumen, in dem man nicht nur die Bratwurst, sondern auch andere fränkische Spezialitäten genießen kann, hat das Traditionslokal Zum Mohren (mohren-ansbach.de).

MITTELALTERLICHES WOLFRAMS-ESCHENBACH

Geburtsort des um 1160/80 geborenen deutschsprachigen Dichters **Wolfram zu Eschenbach** war das damalige Obereschenbach, später in Wolframs-Eschenbach umbenannt. Als Minnesänger verfasste er lyrische Dichtungen, von denen »Parzival« sein berühmtester Versroman ist. Im barocken Alten Rathaus hat man ihm ein **Museum** gewidmet.
Idealer Ausgangpunkt für eine Besichtigung seiner Geburtsstadt ist der nahe gelegene schöne und bestens ausgestattete Wohnmobilstellplatz Münsterblick. Über den Graben, der die Stadtmauer umgibt, gelangt man durch das beeindruckende westliche **Stadttor** in den kleinen Kern der mittelalterlichen Stadt. An prächtigen Fachwerkhäusern vorbei trifft man auf das malerische Ensemble aus **Liebfrauenmünster**, **Stadtschloss** und **Alter Vogtei**. Letztere ist heute ein Hotel und Restaurant mit sehr guter, kreativ-fränkischer Küche. Das Stadtschloss, ein ehemalige Deutschordensschloss, ist einer der schönsten Renaissancebauten Frankens. Die mittelalterliche Liebfrauenkirche wurde im Laufe ihrer Geschichte mehrfach umgestaltet und ist mit bedeutenden mittelalterlichen Kunstschätzen ausgestattet. Ein Spaziergang durch die Seitengassen ist in jedem Fall zu empfehlen, um das geschlossene Ortsbild, das heute noch komplett von der **Stadtmauer** umschlossen ist, auf sich wirken zu lassen.

◀ Merkendorf ▶ Traditioneller Krautanbau in Merkendorf

MERKENDORF – IM ZEICHEN DES KRAUTS

Der Krautbrunnen vor dem **Rathaus** im Zentrum des kleinen Städtchens Merkendorf erinnert an die Tradition des Krautanbaus, für den das Merkendorfer Land über seine Grenzen hinaus bekannt war. Aber auch heute noch verzieren Weiß-, Rot- und Spitzkohlfelder die Landschaft. Auch Merkendorf wird noch von einer **Stadtmauer** mit einigen Türmen umschlossen, vor dem südlichen Teil verläuft sogar ein idyllischer Wassergraben. Die ehemalige Zehntscheune mit dem **Heimatmuseum**, die **Stadtkirche** und der **Untere Torturm** zählen zu den weiteren Sehenswürdigkeiten.

POSTKARTENMOTIV – DIE ZWERGSTADT ORNBAU

Ornbau ist ein Nachbarstädtchen in südwestlicher Richtung. »Städtchen« ist dabei schon maßlos übertrieben. Der Ort zählt nur 1.700 Einwohner, genießt aber seit dem Mittelalter Stadtrechte, da er sich eine Mauer »gönnte«, die ihn umschloss, und so automatisch zur Stadt avancierte. Die Bezeichnung hat Ornbau bis heute behalten, obwohl es hier nicht mal mehr einen Gasthof gibt. Die Stadtmauer existiert aber noch. Der Grund, um nach Ornbau zu kommen, ist weder Shoppen noch Ausgehen, sondern zum einen die idyllische Postkartenansicht auf die die Altmühl überspannende, alte fünfbogige Steinbrücke mit dem Stadttor und dem Kirchturm dahinter. Zum anderen gelangt man auf demselben Sträßchen, von dem aus man den Blick genießen kann, auch zum zauberhaften Badestrand am **Altmühlzuleiter** mit dem Biergarten An der Insel. Geht man über die Brücke zur **Kirche St. Jakobus** mit ihrem romanischem Turm, stellt man fest, dass nur der Turm und der gotische Chor historisch, das Kirchenschiff hingegen modern ist. Ein Blick ins Innere begeistert. Kaum zu glauben, wie geschickt der Architekt schon in den 1960er-Jahren hier den modernen Bau in die mittelalterliche Bausubstanz integriert hat.

MÄRCHENSCHLOSS SOMMERSDORF

Über kleine Sträßchen nach Westen erreicht man nach etwa acht Kilometern **Sommersdorf**. Links der Straße kommt man zu Fuß durch ein barockes Torhaus in einen großzügigen, von niedrigen Gebäuden umgebenen Wirtschaftshof, hinter dem sich wie in einem Märchen das **Schloss Sommersdorf** aus einem Wassergraben erhebt. Hier ist alles wie früher: gepflegt, aber nicht totrestauriert. Die Wasserburg wurde 1208 erstmals urkundlich erwähnt. 1550 ging sie in den Besitz der Familie von Crailsheim über, die sie heute noch bewohnt. Größere bauliche Veränderungen gab es erst Ende des 19. Jahrhunderts, als die Zug- durch eine Steinbrücke ersetzt wurde. Auch wenn es noch bewohnt ist und es keine Führungen für die Öffentlichkeit gibt, kann man das Schloss und die Familie ein wenig kennenlernen, wenn man hier eine der mit Antiquitäten eingerichteten Ferienwohnungen in den historischen Mauern mietet.

Malerisches Wasserschloss Sommersdorf

HERRIEDEN MIT DEM STORCHENTURM

Herrieden zählt mit nur 8000 Einwohnern zu den kleinsten Städten, ist aber recht lebendig. Man parkt am besten auf dem kostenlosen Wohnmobilstellplatz auf dem Festplatzgelände am südlichen Ufer der Altmühl, die hier von einer alten steinernen Brücke überspannt wird. Dahinter ragt der **Storchenturm** von 1340 auf, der seinen Namen nicht umsonst trägt und die Durchfahrt in die Altstadt ermöglicht. Auch Herrieden ist großteils von einer Stadtmauer umgeben. Direkt im Zentrum liegt die 1071 geweihte **Stiftsbasilika** mit zwei massiven Türmen. Das Kirchenschiff wurde vom italienischen Baumeister Gabriel de Gabrieli aus Ansbach barockisiert. Der Hochaltar birgt eine wertvolle Elfenbeinschnitzerei.

DIE BURG HERRIEDEN wurde 1686 zu einer Brauerei umgebaut, die bis 2000 existierte. Kürzlich wurden die Gebäude von der Stadt zu einer Kultur- und Eventlocation umgebaut, unter anderem mit dem Biergarten am Stadtschloss Herrieden.

EMPFEHLENSWERTE LOKALE Ganz in der Nähe liegt die Genießerei Herrieden mit kreativer Küche zu reellen Preisen (geniesserei-herrieden.de). Empfehlenswert ist auch das Landhotel Zur Sonne (sonne-herrieden.de). Und gehobene fränkische Küche zu bezahlbaren Preisen bekommt man im Gasthaus Limbacher (gasthaus-limbacher.de).

◀ Gustav-Weißkopf-Denkmal Leutershausen ▶ Storchennest in Herrieden

Mittelalterliche Steinkreuze Sieben Fuhrmänner bei Herrieden

Fährt man von Herrieden auf der St 2249 nach Leutershausen, sieht man am Ortseingang von **Neunstetten** links am Straßenrand die mittelalterlichen Steinkreuze **»Die sieben Fuhrmänner«** stehen. Eigentlich sind es nur sechs, aber ihr Name geht auf die Sage der sieben Fuhrmänner zurück, die hier rasteten und sich im Streit erstachen. Wenn der Nebel von der Altmühl aufsteigt, soll man hier ihren Geistern noch begegnen.

LEUTERSHAUSEN – HEIMAT DES FLUGPIONIERS

Auch **Leutershausen** mit seinen 5600 Einwohnern gilt dank seines noch weitgehend erhaltenen Mauerrings als Stadt. Erhalten geblieben sind davon das Untere und Obere Tor. Vor dem Unteren Stadttor erinnert ein ungewöhnliches modernes Denkmal an den Flugpionier **Gustav Weisskopf**, der 1874 in Leutershausen geboren wurde und mit seinem selbst gebauten, motorisierten Fluggerät Luftfahrtgeschichte schrieb. 1901 flog er damit in Connecticut 800 Meter weit – der erste Motorflug der Weltgeschichte, noch vor den Gebrüdern Wright.

In der Altstadt kann man das frisch sanierte **Deutsche Flugpionier-Museum Gustav Weisskopf** besuchen, das mit viel Liebe eingerichtet wurde und über die Anfänge der Luftfahrt informiert. Es befindet sich im stattlichen ehemaligen **Schloss** der Markgrafen von Ansbach aus dem Jahr 1624. Nur 200 Meter südlich der Altstadt liegt idyllisch in den Altmühlauen ein schöner, ruhiger und kostenloser Wohnmobilstellplatz. Ein kleines Stück flussaufwärts bietet das **Altmühlbad** Badevergnügen im Fluss.

AUF EINEN BLICK

STADT/REGION: Ansbach, oberes Altmühltal
BESTE REISEZEIT: Frühling bis Herbst
OPTIMALE REISEDAUER: 2–3 Tage
TOURISTINFO: Ansbach Tourist Info, Johann-Sebastian-Bach-Platz 1, 91522 Ansbach, Tel. 0981/51-243, tourismus@ansbach.de, ansbach.de

SEHENSWÜRDIGKEITEN

RESIDENZSCHLOSS: Promenade 27, 91522 Ansbach, Tel. 0981/95 38 39 22, ansbach.de
KIRCHE ST. GUMBERTUS: Johann-Sebastian-Bach-Platz 3, 91522 Ansbach, Tel. 0981/26 81, gumbertus.de
KIRCHE ST. JOHANNIS: Martin-Luther-Platz 16, 91522 Ansbach, Tel. 0981/97 78 84 22, st-johannis-ansbach.de
SYNAGOGE: Rosenbadstraße 3, 91522 Ansbach, Tel. 0981/972 11 60, synagoge-ansbach.de
SCHLOSS SOMMERSDORF: 91595 Burgoberbach, Tel. 09805/91 92-0, Crailsheim-von-Manfred@t-online.de, schloss-sommersdorf.de
STIFTSBASILIKA: Marktplatz 1, 91567 Herrieden
DEUTSCHES FLUGPIONIER-MUSEUM GUSTAV WEISSKOPF: Plan 6, 91578 Leutershausen, Tel. 09823/92 73 52, weisskopf.de
ALTMÜHLBAD: Schillingsfürster Straße 23, 91578 Leutershausen, Tel. 09823/84 98, altmuehlbad.de

WOHNMOBILSTELLPLATZ MÜNSTERBLICK WOLFRAMS-ESCHENBACH

ADRESSE: Waizendorfer Straße, 91639 Wolframs-Eschenbach, Tel. 09875/97 55 32, kulturamt@wolframs-eschenbach.de, wolframs-eschenbach.de
ANFAHRT: Von der in Nord-Süd-Richtung verlaufenden Hauptstraße in Wolframs-Eschenbach an der Abzweigung südlich des Landhotels Gary in die Waizendorfer Straße abbiegen, danach links halten. Nach 300 m ist der Stellplatz erreicht.
GPS: 49.22524, 10.71966

◀ Wohnmobilstellplätze Wolframs-Eschenbach ... ▶ ... und Leutershausen

Sehr schön angelegter, ruhig gelegener Wohnmobilstellplatz für 24 Mobile. Großzügige Stellplätze, durch Hecken unterteilt, Stromanschlüsse, WLAN, modernes Sanitärhaus mit Toiletten und Duschen, nutzbar mit Münzeinwurf, Wechselautomat vorhanden, Ver- und Entsorgung mit Bodeneinlass. Nur wenige Gehminuten in die historische Altstadt und zu Restaurants und Einkaufsmöglichkeiten. Guter Startpunkt für zahlreiche Fahrradtouren.

WOHNMOBILSTELLPLATZ BRÜHLWIESE LEUTERSHAUSEN

ADRESSE: Steinweg, 91578 Leutershausen, Tel. 09823/95 10, stadt@leutershausen.de, leutershausen.de

ANFAHRT: Von der St 2249 aus Richtung Herrieden kommend, in Leutershausen noch vor der Altstadt nach einem Lidl links abbiegen. Aus nördlicher oder westlicher Richtung kommend durch die Altstadt fahren und 250 m nach dem zweiten Stadttor rechts abbiegen.

GPS: 49.29725, 10.40922

Der in unmittelbarer Nähe der Altstadt von Leutershausen an der Altmühl gelegene Stellplatz für 10 Mobile auf Rasenpflastersteinen hat keinerlei Infrastruktur, ist aber allein wegen seiner ruhigen und idyllischen Lage unter Bäumen in den Auenwiesen der Altmühl äußerst beliebt. Geeignet auch für Dickschiffe. In unmittelbarer Nähe befinden sich Einkaufsmöglichkeiten (Stadt) sowie ein Strandbad und der Altmühltal-Radweg.

WASSERSPORT & BADELUST

Am Altmühlsee und Brombachsee

Badestrand am Altmühlsee

Im Fränkischen Seenland bieten der Brombachsee und der Altmühlsee Freizeitvergnügen pur – vom Badespaß über alle Arten von Wassersport bis hin zu Schiffsrundfahrten, Kletterpark, Fahrradfahren, Wandern oder Vogelbeobachtung im Naturschutzgebiet. Jachthäfen, Restaurants und Strandbars am Wasser vermitteln Urlaubsfeeling pur.

Der Altmühlsee und der Brombachsee sind künstliche Stauseen, die erst in den 1970er-Jahren entstanden sind. Das nördliche Bayern mit der Metropolregion Nürnberg leidet generell an Wassermangel, ein Problem, das der Süden Bayerns dank größerer Niederschlagsmengen und seiner vielen Flüsse, die aus den Alpen gespeist werden, nicht hat. Schon 1942 gab es deshalb Überlegungen, hier einen Ausgleich durch Umverteilung von Wasser zu schaffen. Aber erst in den 1960er-Jahren konkretisierten sich die Pläne, die 1970 schließlich vom bayerischen Parlament beschlossen wurden. Danach wurden mehrere Stauseen erschaffen, die das Hochwasser der Altmühl im Winter und Frühling im Altmühlsee stauen und dann weiter über einen teils unterirdischen Kanal über die Europäische Hauptwasserscheide in den Brombachsee abgeben. Von dort gelangt das Wasser über die Schwäbische Rezat, die Rednitz und schließlich die Regnitz in den Raum Nürnberg und in den Main. Gleichzeitig entstand durch die Stauseen in einer zuvor strukturschwachen Region ein neues Naherholungs- und Fremdenverkehrsgebiet.

SURFEN AUF DEM ALTMÜHLSEE

Dank der günstigen Windverhältnisse ist der Altmühlsee, der in den flachen Niederungen des oberen Altmühltals zwischen Ornbau und Gunzenhausen liegt, ein Eldorado für **Wind- und Kitesurfer**. Hier treffen sich Amateure und Profis mehrmals jährlich zu **internationalen Wettbewerben**. Sandstrände und grüne Liegewiesen für Badegäste säumen die Ufer des Sees. Wer sich nicht sportlich auf dem Wasser bewegen möchte, kann mit einem **Passagierschiff** Rundfahrten über vier Anlegestellen machen. Ein **Radweg** dicht am Wasser umrundet auf fünf Kilometer Länge den ganzen See. Die drei Seezentren im südlichen Teil sorgen für touristischen Service. Im Südosten gibt es einen schönen Campingplatz und beim Surfzentrum Schlungensee einen Wohnmobilstellplatz.

Der Norden des Sees ist ganz den Vögeln vorbehalten. Das Naturschutzgebiet **Vogelinsel**, in dem über 300 Vogelarten leben, entstand durch menschliche Hand. Ein kleiner Teil des Gebiets darf vom Menschen auf einem angelegten Rundweg betreten werden, der auch zu einem **Beobachtumsturm** führt. Der LBV bietet für Interessierte **Führungen** an (altmuehlsee.lbv.de/unser-angebot/vogelinsel/vogelinselführung).

Im Nordwesten mündet der **Altmühlzuleiter** in den See, ein breiter, natürlich wirkender Kanal, der sich durch die flache Landschaft schlängelt. Ein schöner **Radweg** führt am Wasser entlang nach Ornbau. In Mörsach gibt es den schönen **Kraftwerk-Biergarten** am Ufer (kraftwerk-biergarten.business.site) und einen kleinen Badestrand.

Blick von Enderndorf auf den Großen Brombachsee

◀ Windsurfer auf dem Altmühlsee ▶ Marktplatz in der Altstadt von Gunzenhausen

GUNZENHAUSEN – STADT AM LIMES

Südlich des Altmühlsees liegt Gunzenhausen, mit 17 000 Einwohnern das städtische Zentrum des Seenlandes. Lange bevor die heutige Stadt entstanden ist, deren offizielle Gründung auf das Jahr 823 zurückgeht, befand sich hier am Limes ein römisches Kastell, auf dessen Gelände nun die sehenswerte **Stadtkirche St. Marien** steht. In unmittelbarer Nähe bietet der **Färberturm** (um 1300) als Teil der ehemaligen Stadtbefestigung eine herrliche Aussicht. Im Zentrum am **Markt** stehen einige bemerkenswerte Häuser aus dem Barock. Der 33 Meter hohe **Blasturm** ist ein ehemaliges Stadttor und Wahrzeichen Gunzenhausens. Dort befindet sich auch das **Archäologische Museum** mit bemerkenswerten Funden aus der Römerzeit. Im Burgstallwald auf dem Berg oberhalb der Altstadt, den man mit dem Rad oder zu Fuß erreicht, trifft man auf das **Bismarckdenkmal**, neben dem sich das Fundament eines **Limeswachturms** befindet. Dort hat man auch ein Stück Palisadenzaun rekonstruiert, der einst römisches von germanischem Gebiet trennte. »Teufelsmauer« nannte man hier den Limes. Auch die Reste einer **Römerstraße** sind zu finden.

ENTSPANNEN AM BROMBACHSEE

Östlich von Gunzenhausen liegt zwischen den Erhebungen des Spalter Hügellandes der Brombachsee. Er besteht eigentlich aus drei Stauseen: Zunächst ist das der **Igelsbachsee**, der den nordwestlichen Seitenarm ausmacht. In ihn mündet der Altmühlüberleiter mit dem Hochwasser aus dem Altmühlsee. Er wurde gleichzeitig mit dem **Kleinen Brombachsee** am westlichen Ende der großen Seenanlage in den 1970ern als Stausee angelegt. Und erst im Jahr 2000 wurde der **Große Brombachsee** mit dem mächtigen Staudamm am östlichen Ende des Sees offiziell eröffnet. Unter diesem hat man das malerische Ensemble der **Mandlesmühle** liebevoll saniert und in der Scheune das **Infozentrum Seenland** eingerichtet, in dem man sich über Bau und Zweck der Stauseen ausführlich informieren kann.

▲ Naturschutzgebiet Vogelinsel im Altmühlsee ◀ Abenteuerwalc Enderndorf
▶ Wasserski im Wakepark Brombachsee

Rund um den **Brombachsee** gibt es viele Parkplätze (alle gebührenpflichtig), schöne Sandstrände mit Bademöglichkeiten, eine **Wakeboardanlage** (wakepark-brombachsee.de), Fahrrad-, Boots- und Windsurfverleiher, Jachthäfen, Campingplätze, Wohnmobilstellplätze und im Segelhafen von Pleinfeld sogar schwimmende Ferienhäuser (eco-lodges.de). Zudem findet man zahlreiche Restaurants, Biergärten und Strandbars.

Eine besondere Attraktion bietet der **Abenteuerwald Enderndorf**, ein Kletterwald oberhalb des Sees, von dem aus man mit einer Zipline in bis zu 36 Meter Höhe ganze 560 Meter weit über den gesamten Igelsbachsee fliegen kann (enderndorf.abenteuer-wald.com). Auch auf dem Großen Brombachsee kann man an Bord eines Linienschiffs gehen. Die moderne **MS Brombachsee** bietet ihren Fahrgästen auf drei Etagen mit Panoramafenstern viel Komfort auf der Fahrt über den See.

DEN GANZEN SEE kann man auf einem gut ausgebauten, breiten und vorwiegend ebenen 28 Kilometer langen **Radweg** umrunden. Große Teile davon verlaufen durch Wald und in Ufernähe. Abkürzen kann man die Tour gegebenenfalls über die beiden Staudämme, die den Kleinen Brombachsee und den Igelsbachsee vom Großen Brombachsee trennen.

In der **Beachbar** der Wakeboardanlage kann man bei einem Drink oder Hamburger den Wakeboardern zuschauen, wie sie sich über das Wasser ziehen lassen. Im **Restaurant Seeklause** (zv-brombachsee.de/gastronomie/sb_restaurant_seeklause-987) bekommt man einen guten Kaiserschmarren serviert und genießt von der Terrasse aus einen schönen Blick auf das Wasser. Einen feinen Sandstrand und das dazu passende Strandhaus **Sand & Sofa** (sandundsofa.de) – eine wunderschöne Strandbar mit viel Urlaubsatmosphäre – findet man in Enderndorf. Wer Lust hat auf gutes Essen oder auch nur Kaffee und Kuchen möchte, dem sei das **Café Restaurant Zum Hochreiter** (zumhochreiter.de) gleich oberhalb des Strandlebens von Enderndorf empfohlen. Von der Terrasse aus kann man einen weiten Blick auf See und Landschaft genießen.

AUF EINEN BLICK

STADT/REGION: Gunzenhausen, Fränkisches Seenland
BESTE REISEZEIT: Frühling bis Herbst
OPTIMALE REISEDAUER: 2 Tage
TOURISTINFO: Tourist Information Stadt Gunzenhausen, Rathausstraße 12, 91710 Gunzenhausen, Tel. 09831/50 83 00, gunzenhausen.info

SEHENSWÜRDIGKEITEN

STADTKIRCHE ST. MARIEN: Kirchenplatz 6, 91710 Gunzenhausen
FÄRBERTURM: Weißenburger Straße, 91710 Gunzenhausen
BLASTURM: Rathausstraße, 91710 Gunzenhausen
ARCHÄOLOGISCHES MUSEUM: Brunnenstraße 1, 91710 Gunzenhausen, Tel. 09831/50 83 00, archaeologisches-museum.gunzenhausen.de
ABENTEUERWALD ENDERNDORF: Zum Igelsbachsee 1, 91174 Spalt-Enderndorf, Tel. 09175/90 72 57, enderndorf.abenteuer-wald.com

CAMPINGPLATZ ALTMÜHLSEE

ADRESSE: Altmühlsee-Camping Herzog, Seestraße 12, 91710 Gunzenhausen, Tel. 09831/90 33, camping-herzog.de
ANFAHRT: Von der B 13 nördlich von Gunzenhausen zum Seezentrum Schlungendorf abbiegen, ausgeschildert.
GPS: 49.12722, 10.74361
Schöner, ruhig gelegener, sehr gepflegter Campingplatz, 180 Plätze für Urlauber, von Hecken getrennt. Moderne und geräumige Sanitäranlagen, Entsorgung für Grauwasser mit Bodeneinlass. Kleiner Laden, Restaurant (Pizzeria) am Platz. Mittagsruhe 12–15 Uhr. Günstige Lage für Ausflüge und Wanderungen. Altmühlsee zu Fuß schnell erreichbar.

WOHNMOBILSTELLPLATZ SCHLUNGENHOF

ADRESSE: Ansbacher Straße 99, 91710 Gunzenhausen, Tel. 09831/50 81 91, surfcenter-altmuehlsee.de
ANFAHRT: Von der B 13 auf Höhe des Almühlsees Richtung Seeufer der Wegweisung zum Surfcenter abbiegen.
GPS: 49.13181, 10.73528

◀ Altmühlsee Camping Herzog ▶ Wohnmobilstellplatz Schlungenhof

Ebene Stellplätze auf einer Wiese, sehr ruhige, idyllische Lage, umgeben von Wiesen. 120 Stellplätze, für Dickschiffe geeignet. Stromanschlüsse, Dusche und WC vorhanden, Ver- und Entsorgung mit Bodeneinlass. Geöffnet von April bis Oktober.

WOHNMOBILSTELLPLATZ AM IGELSBACHSEE

ADRESSE: Am Igelsbachsee 1, 91174 Enderndorf, Tel. 09837/328, wohnmobilstellplatz-brombachsee.de

ANFAHRT: Von Spalt gen Süden via Brombachsee nach Enderndorf.

GPS: 49.15015, 10.90982

Der Stellplatz besteht aus zwei Bereichen: einem Panorama-Stellplatz rechts der Straße und einem weiteren Bereich gegenüber, am Rande eines Großparkplatzes. Terrassiertes Gelände für 49 Stellplätze. Schöne Lage mit Blick auf den Großen Brombachsee. Stromanschlüsse, Ver- und Entsorgung mit Bodeneinlass, Entfernung zum Seeufer 200 m. Für Dickschiffe geeignet.

Beim Stellplatz befindet sich der Zugang zum Abenteuerwald (s. S. 39), ein Hochseilgarten mit einer Zipline über den Igelsbacher See. Auch beginnt hier der Spalter BarfußWonnenweg, ein 1,9 km langer abwechslungsreicher Barfußpfad nach Stockheim mit Rastplätzen und Kaltwassertretbecken (barfusspark.info/parks/spalt.htm). Am besten der Beschilderung ab dem Kreisverkehr folgen.

ZWISCHEN WALD & HOPFEN

Im Spalter Hügelland

Hopfenanbau im Spalter Hügelland

In der reizvollen Landschaft des Spalter Hügellandes mit seinen Wäldern und berühmten Hopfenfeldern, die zum Wandern einladen, liegen charmante Städtchen wie Abenberg mit seiner Burg, Georgensgmünd mit jüdischem Friedhof, Windsbach mit dem Waldstrandbad und Spalt mit seinem HopfenBierGut. Es gibt also viel zu entdecken und zu erleben

Während an Wochenenden und in der Ferienzeit an den Ufern rund um den Brombachsee der Bär steppt, kann man im Spalter Hügelland durch die wunderschöne Landschaft radeln oder wandern, ohne vielen Menschen zu begegnen. Stattdessen entdeckt man beeindruckende Schluchten im Spalter Hügelland, einzigartige Hopfenhäuser und die Ruinen mittelalterlicher Burgen auf den Anhöhen. Im Zentrum von Spalt, der Stadt, die dieser Landschaft ihren Namen gab,gibt es einen idyllisch gelegenen Stellplatz – der perfekte Ausgangspunkt für eine Altstadterkundung.

REICHTUM DURCH HOPFEN

Spalt ist heute das Zentrum des viertgrößten **Hopfenanbaugebiets** in Deutschland, dessen Geschichte sich bis ins 14. Jahrhundert zurückverfolgen lässt. 1538 erhielt die Stadt das erste vergebene Hopfensiegel. Über Jahrhunderte war Hopfen die Quelle des Reichtums der Stadt, dessen Bedeutung aber durch den Anbau neuer Sorten in anderen Regionen Bayerns abnahm. Heute wird noch der Spalter Aromahopfen »Spalt Spalter« angebaut, der in der städtischen Brauerei Verwendung findet.

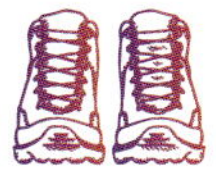

QUALITÄTSWEG Von Spalt aus führt ein vom Deutschen Wanderverband zertifizierter Qualitätsweg auf einer 21 Kilometer langen Runde durch die abwechslungsreiche Landschaft des Spalter Hügellandes. Nadel-, Misch- und Kiefernwälder wechseln sich ab, Kirschgärten und Hopfenfelder prägen die Landschaft. Er führt an der Felsformation **Schnittlinger Loch** und dem Naturdenkmal **Schnittlinger Eiche** vorbei zur **Burg Wernfels**, die einem Märchenbuch entsprungen zu sein scheint. Weiter geht es über den keltischen Ringwall **Bärenburg** und schließlich durch die beeindruckende **Massendorfer Schlucht** zurück. Unterwegs und in Spalt gibt es einige Einkehrmöglichkeiten.

2010 feierte die Stadt an der Fränkischen Rezat ihr 1200-jähriges Bestehen. Wie viele Städte ging sie aus einer Klostergründung im 8. Jahrhundert hervor. Im Zentrum der Altstadt liegen zwei große Kirchen dicht beieinander: **St. Emmeram** und **St. Nikolaus**. Während Erstere einen schlicht weißen barocken Innenraum hat, ist der der ehemaligen Stiftskirche St. Nikolaus im üppigen katholischen Barock ausgestattet. Die Deckenstuckaturen stammen aus der Wessobrunner Schule. Sehenswert ist auch das geschnitzte Chorgestühl aus Eiche. Vor der Kirche erinnert eine moderne Skulptur an die Herkunft des Reformators Georg Spalatin, der 1484 in Spalt geboren wurde.

In der Altstadt sind noch einige schöne **Häuser aus der Zeit des Barock** erhalten. Dazwischen sieht man viele typische **Fachwerkhäuser** mit steilen Dächern, unter denen mehrere Etagen Platz zum Trocknen des Hopfens vorhanden waren. Von der Stadtbefestigung existieren noch einige Abschnitte mit Türmen und dem Oberen Torturm. Eine besondere Attraktion ist das **Schlenzgerhaus**, ein schmales Halbhaus, das sich an die Stadtmauer lehnt, ganz in der Nähe der Brauerei, die noch in der Altstadt produziert. Das stattliche **Kornhaus** am östlichen Rand der Altstadt wurde 1457 als Zehntstadel errichtet und vor einigen Jahren saniert. Es beherbergt seitdem die Touristinformation und das Brauereimuseum **HopfenBierGut**.

◀ Altes Wasserrad, Georgensgmünd ▶ Schlenzgerhaus an der Stadtmauer in Spalt

Blick auf die Altstadt von Spalt

Das moderne interaktive Museum **HopfenBierGut** führt mit multimedialer Unterstützung in das Reich von Hopfen und Bierbrauen und erklärt die Bedeutung, die der Hopfen für Spalt und die Region hat. Am besten schließt man sich einer Führung an, die mit einer Bierprobe endet, bei der man verschiedene Sorten des Spalter Bieres probieren kann, die alle mit dem regionalen Hopfen gebraut werden. Die hübschen Gläser kann man als Souvenir mitnehmen.

GEORGENSGMÜND – GEBURTSORT DER REDNITZ

In Georgensgmünd fließen die Fränkische und Schwäbische Rezat zusammen und werden zur Rednitz. Hinter Fürth wird diese sich mit den Wassern der Pegnitz vereinigen und als Regnitz später in den Main münden. Historisch interessant ist der große **jüdische Friedhof**, einer der größten und ältesten in Bayern. Er geht auf das Jahr 1545 zurück und besitzt heute noch etwa 1800 Grabsteine, der älteste ist aus dem Jahr 1594. Das **Taharahaus** ist als eines der ältesten Leichenwaschhäuser ebenfalls etwas Besonderes. Der Anteil der jüdischen Bevölkerung betrug in Georgensgmünd im 20. Jahrhundert zeitweise 35 Prozent, was die Größe des Friedhofs erklärt. Auch eine **Synagoge** von 1734 hat überlebt. Sie ist nur am ersten Sonntag im Monat von 14 bis 16 Uhr zu besichtigen. Der Friedhof steht Besuchern außer samstags (Sabbat) hingegen jederzeit offen.

Sitzende Figur von Reinhart Fuchs am Skulpturenweg Georgensgmünd

Georgensgmünd hat in den letzten Jahren viel in **Kultur** investiert. Im gesamten Gemeindegebiet findet man 40 Skulpturen und Künstlerbrunnen. Auf dem 2,5 Kilometer langen **Skulpturenweg** entlang des Radwegs an der Straße nach Roth stehen 15 Kunstwerke aus Jurakalkstein, Stahl und Holz. Auf der zum Rad- und Fußweg ausgebauten ehemaligen Bahntrasse nach Spalt wurde ein **Planetenweg** eingerichtet, der im Maßstab eins zu einer Milliarde die Dimensionen unseres Planetensystems verdeutlicht. Die vergoldete Sonne in Georgensgmünd leuchtet mit einem Durchmesser von 1,4 Metern. Pluto (der heute aber nicht mehr als Planet zählt) steht fast acht Kilometer weiter am Bahnhof in Spalt.

BAHNTRASSEN-RADWEG Zwischen 1872 und 1995 besaß Spalt einen eigenen Bahnanschluss, wofür eine knapp acht Kilometer lange Stichbahn von Georgensgmünd nach Spalt gebaut wurde. Sie diente in erster Linie dem Abtransport von Hopfen. Heute wird die ehemalige Bahntrasse als Radweg genutzt, auf dem man bequem ganz ohne Steigungen durch das Tal der Fränkischen Rezat bis nach Spalt radeln kann.

ABENBERG – BLICK INS MITTELALTER

Hoch über der Altstadt von Abenberg ragt die gleichnamige **Burg Abenberg** auf. 1040 gegründet, wurde sie um 1250 von den Hohenzollern als neuen Besitzern umgebaut und seitdem kaum verändert, was sie zu einer Besonderheit macht. Heute befinden sich in der Burganlage ein **Hotel** mit einem Feinschmeckerrestaurant und zwei Museen. Das **Haus der Fränkischen Geschichte** bringt diese dem Besucher auf moderne und multimediale Weise näher. Das **Klöppelmuseum** zeigt das Handwerk, das über Jahrhunderte neben einer Glas- und Spiegelhütte für eine gewisse Wohlhabenheit sorgte. Sonntags von 14 bis 16 Uhr kann man einer Spitzenklöpplerin bei der Arbeit zuschauen.

GOLFPLATZ ABENBERG Am nördlichen Stadtrand liegt in traumhafter Lage der Golfplatz Abenberg, der auch für Gäste offensteht. Er wartet mit einem 27-Loch-Golfplatz und einem öffentlichen 6-Loch-Platz auf, was Golferherzen sicher höherschlagen lässt (golfclubabenberg.de).

Blick auf Burg Abenberg

4

BIERGARTENKULTUR UND FREIZEITVERGNÜGEN

Etwa sechs Kilometer südwestlich von Abenberg liegt die **Pflugsmühle**, ein interessantes Ausflugsziel für Jung und Alt, Einzelreisende und Familien. Sie empfiehlt sich selbst als einen Ort für Auszeiten und Entschleunigung, Tradition und Moderne, und das alles nachhaltig. Zum einen gibt es hier ein schönes Restaurant, einen tollen Biergarten und selbst gebackenes Brot aus Natursauerteig. Im anderen Teil des Hofs ist Action angesagt. Hier kann man sich mit **Minigolf**, **Fußballgolf** und **Swing Golf** vergnügen, während die Kleinen auf Ponys reiten. Und zu guter Letzt gibt es hier noch einen **Pferdehof**, der auch Reitunterricht anbietet (www.pflugsmuehle.com).

Die Pflugsmühle bietet einen Ort für Auszeiten und Entschleunigung.

Windsbach ist ein Knotenpunkt für zahlreiche Radwege.

ABKÜHLEN IN WINDSBACH

Sieben Kilometer in nordwestlicher Richtung von der Pflugsmühle entfernt lockt das **Waldstrandbad Windsbach** (waldstrandbad-windsbach.de), neben dem ein schicker neuer Wohnmobilstellplatz angelegt wurde (s. S. 51). Das Bad wurde 1938 gebaut und eröffnete schon fünf Monate nach Baubeginn mit einem ungewöhnlich großen Schwimmbecken von 100 mal 60 Metern, das vom nahe gelegenen Schwalenbach gespeist wurde. Das Bayerische Landesamt für Denkmalpflege hat das Bad 2015 als Denkmal eingestuft, weshalb bei den Sanierungs- und Modernisierungsarbeiten die wesentlichen historischen Elemente erhalten geblieben sind. Außer einem 100-Meter-Schwimmbecken mit Naturwasser und dem Fünf-Meter-Sprungturm gibt es einen Sandstrand, ein großes hölzernes Spielschiff für Kinder, einen Fitness- und Motorikpark und natürlich einen Kiosk mit Biergarten. Die überschaubare, aber hübsche **Altstadt von Windsbach** ist nur einen Kilometer entfernt.

RADWEGE Windsbach ist der ideale Ausgangspunkt zum Radeln, da viele Themenradwege durch die Stadt führen, etwa der Erlebnisradweg Hohenzollern, Im Tal der Fränkischen Rezat, der Kloster-, Kirchen- & Kartoffelradwanderweg, der Radweg für Genießer und der Fränkische Wasserradweg.

AUF EINEN BLICK

STADT/REGION: Spalt, Spalter Hügelland
BESTE REISEZEIT: Frühling bis Herbst
OPTIMALE REISEDAUER: 2 Tage
TOURISTINFO: Tourist-Information im Kornhaus Spalt, Gabrieliplatz 1, 91174 Spalt, Tel. 09175/79 65 50, info@hopfenbiergut.de, spalt-tourismus.de

SEHENSWÜRDIGKEITEN

SCHLENZGERHAUS: Spitzenberg 16, 91174 Spalt
HOPFENBIERGUT: Gabrieliplatz 1, 91174 Spalt, Tel. 09175/79 65 50, hopfenbiergut.de
JÜDISCHER FRIEDHOF: Judenbastei 9, 91166 Georgensgmünd
SKULPTURENWEG (BEGINN): Am Bruckespan, 91166 Georgensgmünd
PLANETENWEG (BEGINN): Bahnhofstraße 2B, 91166 Georgensgmünd
BURG ABENBERG: Burgstraße 16, 91183 Abenberg, Tel. 09178/98 29 90, hotel-burg-abenberg.com
HAUS DER FRÄNKISCHEN GESCHICHTE: Burgstraße 16, 91183 Abenberg, Tel. 09178/906 18, museen-abenberg.de
KLÖPPELMUSEUM: Burgstraße 16, 91183 Abenberg, Tel. 09178/906 18, museen-abenberg.de
PFLUGSMÜHLE: Pflugsmühle 1A, 91183 Abenberg, Tel. 0174/977 74 45, pflugsmuehle.com
WALDSTRANDBAD WINDSBACH: Retzendorf 22, 91575 Windsbach, Tel. 09871/706 81 72, waldstrandbad-windsbach.de

WOHNMOBILPARK REZATTAL

ADRESSE: Obeltshauserstraße 3, 91174 Spalt, Tel. 09175/225, mueller-spalt@t-online.de
ANFAHRT: Aus nördlicher Richtung auf der Hauptstraße durch die Altstadt, am Kreisverkehr links abbiegen in die Bahnhofstraße, nächste links in die Obeltshauserstraße. Von Georgensgmünd kommend von der Rother Straße zweite Straße nach der AVIA Tankstelle rechts abbiegen.
GPS: 49.17497, 10.92915

◀ Wohnmobilstellplatz Spalt ▶ Wohnmobilstellplatz am Waldstrandbad

Campingplatzähnlicher privater Stellplatz am Rande der Altstadt auf dem Grundstück eines ehemaligen Handwerksbetriebs mit Wohnhaus, in dem die Betreiberin wohnt. Von ihr muss man sich einen Stellplatz zuweisen lassen. Ruhige Lage in unmittelbarer Nähe zum HopfenBierGut und der Altstadt, 17 ebene Stellplätze auf Wiese, Ver- und Entsorgung mit Bodeneinlass, Strom, Dusche, WC, Brötchenservice. Kein WLAN. Der Platz ist ideal gelegen für Stadt- und Museumsbesuch, für Ausflüge in die Umgebung wie zum Brombachsee und das Spalter Hügelland. Viele Möglichkeiten für Radtouren und Wanderungen in romantische Täler.

WOHNMOBILSTELLPLATZ AM WALDSTRANDBAD

ADRESSE: Retzendorf 22, 91575 Windsbach, Tel. 09871/706 81 72, waldstrandbad-windsbach.de

ANFAHRT: Über die A 6 von der Ausfahrt 53 Lichtenau nach Windsbach, immer geradeaus bis zum Waldstrandbad und Wohnmobilstellplatz. Von der B 466 in Wassermungenau auf die St 2223 Richtung Windsbach, in Elpersdorf rechts abbiegen, nach 600 Metern liegt der Stellplatz auf der rechten Seite.

GPS: 49.23963, 10.83776

Sehr großzügig angelegter Wohnmobilstellplatz für 20 Mobile auf Schotter und Rasen auf Terrasse am Waldrand im Tal der Fränkischen Rezat. Auch für Dickschiffe geeignet, beleuchtet. Geräumige Ver- und Entsorgungsstation mit Bodeneinlass. Gebühr zahlbar an Parkscheinautomat. Stromsäulen mit Münzeinwurf. In der Nähe befindet sich das ebenso großzügig angelegte Naturfreibad mit 100-Meter-Becken. Entfernung zur historischen Altstadt etwa 1 km. Ideale Lage für Fahrradtouren und Wanderungen.

IM LAND DER MÜHLEN

Das Seenland um Roth und Hilpoltstein

Naturidylle am Rothsee

Im östlichen Teil des Fränkischen Seenlandes, das vom Main-Donau-Kanal durchflossen wird, liegen in der Nähe des Rothsees mit seinem Freizeitgelände die beiden Residenzstädte Roth und Hilpoltstein. Sehenswerte Burgen und Schlösser sowie historische Mühlen in stillen Tälern gibt es hier im waldreichen Gebiet zuhauf.

Wasser spielt in der Region des östlichen Fränkischen Seenlands eine wichtige Rolle. Das Wasser des Rothsees wird nicht nur zum Baden genutzt, es speist auch den Main-Donau-Kanal. Am Flüsschen Roth, das an Hilpoltstein vorbei zur Kreisstadt Roth fließt, kann man heute noch 17 Wassermühlen sehen und zwei davon als arbeitende Museen erleben. Der Campingplatz am Steinerweiher bietet inmitten eines riesigen Waldgebiets eine entspannte Auszeit. Und für den kulturellen Ausgleich sorgen Roth und Hilpoltstein mit historischen Stadtbildern, Schlössern und einer Burgruine, in der im Sommer Freilichttheater gespielt wird.

DIE KREISSTADT ROTH

Roth liegt an der Mündung des gleichnamigen Flüsschens Roth in die Rednitz. Seit dem 12. Jahrhundert besitzt die heutige Kreisstadt das Marktrecht und seit dem 14. Jahrhundert Stadtrechte. Nachdem Markgraf Georg der Fromme von Brandenburg-Ansbach schlesische Herzogtümer geerbt hatte, ließ er 1535 bis 1537 ein Jagdschloss bauen. Er benannte es **Schloss Ratibor** nach einem der schlesischen Erbstücke, mit dessen Einkünften er den prächtigen Bau finanzierte. Das Schloss, in dem sich heute die **Stadtbibliothek** und die Touristinformation befinden, kann besichtigt werden. Besonders sehenswert ist der große Prunksaal mit verschwenderischer Deckengestaltung, die dem Dogenpalst in Venedig nachempfunden wurde. .

Auf dem Weg zum Marktplatz kommt man am **Alten Rathaus** vorbei, einem hübschen zweigeschossigen Palais des Rokoko. Am Markt gilt das **Riffelmacherhaus** als schönes Bürgerhaus der Stadt, ein Fachwerkhaus aus dem 16. Jahrhundert mit dreigeschossigem Giebel. Um den **Markgrafenbrunnen** von 1757 gruppieren sich weitere stattliche Bürgerhäuser. Am östlichen Rand der Altstadt, bei der **Oberen Mühle** am Flüsschen Roth, liegt direkt am Wohnmobilstellplatz das **Fabrikmuseum**.

FABRIKMUSEUM Zu sehen ist die Rekonstruktion einer typischen Leonischen Fabrikhalle aus der Zeit um 1920. Mit verschiedenen alten Maschinen wurden aus Metallen und Edelmetallen feinste Drähte gezogen, die auf Webstühlen verarbeitet werden. Heute gibt es diese Industrie nicht mehr.

Am Fabrikmuseum beginnt auch der **Mühlenweg**, ein Themenwanderweg von Roth nach Hilpoltstein entlang der Roth. »Auf den Spuren der Müller« führt die Wanderung an 17 Mühlen vorbei und nimmt den Wanderer durch idyllische Landschaften mit auf eine Reise in vergangene Zeiten. Er ist 19 Kilometer lang, kann aber in mehrere Etappen aufgeteilt werden. In Roth, Eckersmühlen und Hilpoltstein gibt es Bahnanschlüsse und in der Touristinformation eine ausführliche Broschüre, die man auch als PDF herunterladen kann.

ERLEBNIS HISTORISCHER EISENHAMMER

In **Eckersmühlen** an der Roth wartet zwischen den Städten Roth und Hilpoltstein ein industriegeschichtliches Kleinod: das **Museum Historischer Eisenhammer**, dessen Schmiede noch mit Wasserkraft betrieben wird. Es ist ein einmaliges und unvergessliches Erlebnis, wenn der schwere Hammer

◀ Leonische Fabrikhalle des Fabrikmuseums Roth ▶ Historischer Eisenhammer

Sonnenuntergang am Rothsee

auf das glühende Eisen, das der Schmied mit seiner Zange hält, hinuntersaust und die Funken sprühen. Neben der Hammerschmiede gibt es noch die Dauerausstellung »Vom Erz zum Eisen« und das alte Herrenhaus zu sehen, das der Hammerherr 1700 erbauen ließ. Über Vorführungen kann man sich im Internet oder (noch besser) telefonisch informieren.

BADESPASS AM ROTHSEE

Nach so viel Kultur und Historie bietet sich der **Rothsee** zum Baden und Entspannen an. Er ist nach dem Brombachsee und Altmühlsee der drittgrößte See im Fränkischen Seenland und dient neben dem Freizeitvergnügen auch als Wasserreservoir für den Main-Donau-Kanal, der hier in der Nähe den höchsten Punkt an der Europäische Wasserscheide überqueren muss. Am Südufer liegt das **Seezentrum Heuberg**. Hier befindet sich auch ein schöner Wohnmobilstellplatz (s. S. 59). Am Seeufer findet man jede erdenkliche Infrastruktur: Gastronomie und Kiosk, zwei Terrassen, Sanitäranlagen mit Duschen, Umkleidekabinen, Kinderspielplatz, Tretboot- und Fahrradverleih sowie einen Minigolfplatz. An den grünen Ufern kann man wandern oder eine Radtour machen, oder man mietet sich, wenn man einen Schein hat, ein Segelboot.

SCHLEUSE DER SUPERLATIVE

In unmittelbarer Nähe verläuft der **Main-Donau-Kanal**, an dessen Ufern man ebenfalls radeln kann. 500 Meter in westlicher Richtung liegt die **Schleuse Eckersmühlen** (Haimpfarrich) mit Aussichtsplattform, ein absolut beeindruckendes Bauwerk, das die Schiffe in der 200 Meter langen Schleusenkammer etwa 25 Meter anhebt oder absenkt – die größte Hubhöhe, die in Deutschland jemals gebaut wurde. Die Bauzeit betrug über

Blick von der Schleuse Eckersmühlen auf den Main-Donau-Kanal

fünf Jahre. Die Schleusung dauert rund 16 Minuten, wofür rund 25 000 Liter Wasser benötigt werden. Über einen 300 Meter langen Stollen, kann dem Rothsee Wasser zugeführt oder von dort abgezogen werden.

GASTHAUS REITENSPIESS Ganz in der Nähe der Schleuse liegt der Weiler Haimpfarrich mit dem urigen, alten Gasthaus Reitenspieß mit Kachelofen in der Gaststube und einem schattigen, rustikalen Biergarten unter Linden (Haimpfarrich 7, 91154 Roth, Tel. 09174/37 91).

Nur vier Kilometer in östlicher Richtung liegt eine weitere **Schleuse bei Hilpoltstein**, die die Schiffe wieder 25 Meter anheben muss. Nach nochmals drei Kilometern kreuzt der Kanal auf der Scheitelhaltung (dem höchsten Abschnitt des Kanals) den Verlauf der Europäischen Wasserscheide. Diesen Punkt markiert die von Hannsjörg Voth entworfene **Skulptur »Scheitelhaltung«**, die im Wesentlichen aus einem an das Kanalufer führenden Bauwerk aus Tittlinger Granit besteht. Es ist nicht über Straßen, sondern am besten mit dem Rad auf dem Weg am Kanalufer erreichbar.

RESIDENZSTADT HILPOLTSTEIN

Den Ortsadel im frühen Mittelalter bildeten die Hilpolte von Stein. Ihnen dürfte die Stadt ihren Namen zu verdanken haben. Die **Burg Hilpoltstein** geht auf das 11. Jahrhundert zurück und ist somit eine der ältesten Anlagen Frankens. In der Vorburg steht der ehemalige Kornspeicher aus dem 15. Jahrhundert, der heute als Haus des Gastes dient. Den Zugang zur

Hauptburg ziert ein Renaissanceportal. Die Burg dient als Austragungsort zahlreicher Veranstaltungen wie dem Burgfest, dem Mittelalterfest oder den Burgspielen mit sommerlichem Freilichttheater.
In der Stadtmitte steht die aus Sandstein in der Renaissance erbaute **Residenz** der Pfalzgrafen. Sie ist heute ein öffentliches Gebäude, in dem die Touristinformation, die Volkshochschule und die Bibliothek untergebracht sind. Die Decken zieren auf zwei Etagen immer noch rund 400 Jahre alte bedeutende und bestens erhaltene Stuckaturen. In der Marktstraße hat die Stadt Hilpoltstein in einem alten Brauereigasthof das **Museum Schwarzes Roß** eingerichtet, ein interessantes Museum zum Thema altes Handwerk am Bau und Stadtgeschichte. Im romantischen Hof befindet sich heute der Biergarten des Restaurants **Gutmann zur Post**, in dem man gut essen kann (gutmann-zur-post.de).

AUSFLUG NACH HEIDECK

Etwa acht Kilometer südwestlich von Hilpoltstein liegt die kleine Altstadt von Heideck mit nur 5000 Einwohnern. Im Zentrum liegt der von Fachwerkhäusern umrahmte Marktplatz. Das **Rathaus** wurde 1481 von Herzog Georg dem Reichen von Bayern-Landshut als »Traidkasten« erbaut. Die gotische Stadtpfarrkirche birgt die berühmte **Leinberger Madonna**. In der **Kapelle zu Unserer Lieben Frau** erhielten sich fast vollständig die mittelalterlichen Wandgemälde, die etwa auf 1418 datiert werden. Bedeutend sind auch zwei Epitaphe der Stifterfamilie.

◀ Renaissance-Stuckdecke der Residenz Hilpoltstein ▶ Kirche Unsere Liebe Frau

AUF EINEN BLICK

STADT/REGION: Roth, Hilpoltstein, Fränkisches Seenland
BESTE REISEZEIT: Frühling bis Herbst
OPTIMALE REISEDAUER: 2–3 Tage
TOURISTINFO: Tourist-Information im Schloss Ratibor, Hauptstraße 1, 91154 Roth, Tel. 09171/84 85 13, tourismus@stadt-roth.de, stadt-roth.de
Stadt Hilpoltstein, Amt für Kultur und Tourismus, Kirchenstraße 1, 91161 Hilpoltstein, Tel. 09174/97 85 05, tourismus@hilpoltstein.de, hilpoltstein.de

SEHENSWÜRDIGKEITEN

SCHLOSS RATIBOR: Hauptstraße 1, 91154 Roth, Tel: 09171/84 85 32, museumschlossratibor@stadt-roth.de, schloss-ratibor.de
ALTES RATHAUS ROTH: Hauptstraße 14, 91154 Roth
RIFFELMACHERHAUS: Hauptstraße 39, 91154 Roth
FABRIKMUSEUM ROTH: Obere Mühle 4, 91154 Roth, Tel. 09171/605 64, fabrikmuseum-roth.de, geöffnet Frühling bis Herbst So 13.30–16.30 Uhr
HISTORISCHER EISENHAMMER: Eisenhammer 3, 91154 Roth, Tel. 09171/81 20 20, stadt-roth.de
RESIDENZ HILPOLTSTEIN: Kirchenstraße 1, 91161 Hilpoltstein
MUSEUM SCHWARZES ROSS: Marktstraße 10, 91161 Hilpoltstein, Tel. 09174/97 85 07, museum@hilpoltstein.org

CAMPING WALDSEE

ADRESSE: Badstraße 37, 91154 Roth-Wallesau, Tel. 09171/55 70, info@camping-waldsee.de, camping-waldsee.de
ANFAHRT: B 2 bis zur Ausfahrt Wernsbach. Hier rechts nach Wallesau. In Wallesau die letzte Straße vor dem Ortsendeschild rechts (Badstraße). Noch ca. 1 km bis zum Campingplatz.
GPS: 49.18831, 11.12405
Sehr ruhig an einem Badweiher mit kleinem Strand gelegener Campingplatz in lichtem Kiefernwald. Komfortstellplätze (Strom-, Wasser-, Abwasseranschluss), Zwei empfehlenswerte Restaurants am Platz und außerhalb, Minimarkt, Brötchenservice, WLAN gegen Gebühr.

◀ Camping Waldsee Roth-Wallesau ▶ Wohnmobilstellplatz Obere Mühle

WOHNMOBILSTELLPLATZ AM ROTHSEE

ADRESSE: Seezentrum Heuberg am Rothsee, 91161 Heuberg, Tel. 09171/81 43 10, info@rothsee.de, rothsee.de

ANFAHRT: A 9, Ausfahrt 55 Allersberg, Richtung Hilpoltstein, nach ca. 5 km von der St 2225 rechts abbiegen zum Seezentrum.

GPS: 49.20935, 11.18613

Der Wohnmobilstellplatz liegt auf leicht schrägem Gelände, durch hohe Bäume und Hecken abgetrennte Bereiche, Stellplätze auf Wiese und Schotter längs der Hecke, Stromanschlüsse mit Münzeinwurf. Zusätzlicher Stellplatz auf großer Wiese ohne Stromanschlüsse direkt nebenan. Gebühr zahlbar an Parkscheinautomat mit Münzen oder Karte. Kostenlose Ver- und Entsorgung nebenan am Pkw-Parkplatz (ausgeschildert). Ruhige Lage, direkt oberhalb des Seezentrums mit Minigolf, Badestrand, Liegewiese und Gastronomie.

WOHNMOBILSTELLPLATZ OBERE MÜHLE

ADRESSE: Parkplatz Obere Mühle, 91154 Roth, Tel. 09171/84 85 13

ANFAHRT: Schnellstraße B 2 Ausfahrt Roth Ost Richtung Stadtmitte, an Ampelkreuzung nach Aral Tankstelle links abbiegen, nach 400 m von der rechts abknickenden Vorfahrtstraße scharf links abbiegen.

GPS: 49.24677, 11.09544

Idyllisch und ruhig gelegen in unmittelbarer Nähe zum Fabrikmuseum am Rande eines kaum genutzten Parkplatzes für 7 Wohnmobile (bis zu 10 m Länge). Ebener Platz mit Verbundsteinpflaster. Stromanschlüsse mit Münzeinwurf vorhanden. Keine Ver- und Entsorgung. Geringe Gebühr zahlbar an Parkscheinautomat, am Wochenende kostenlos. Die Innenstadt und der Marktplatz mit Einkaufsmöglichkeiten und Gastronomie sowie das Schloss Ratibor sind fußläufig erreichbar. Im direkt angrenzenden Rothgrund befindet sich ein Freibad, dort verlaufen auch verschiedene Rad- und Wanderwege wie der Mühlenweg.

TÄLERRUNDE

Altmühl-, Anlauter- und Schwarzachtal

Blick auf die Altstadt von Greding

In den Tälern und auf den Höhen der ländlichen Gefilde, wo sich Mittelfranken und Oberbayern treffen, gibt es einiges zu entdecken. Thalmässing, Greding, Kinding und Kipfenberg heißen unsere Zielorte und Limes, Keltendorf, Wehrkirche, Beinhaus sowie Burgen die Highlights dieser Region.

Rund um Thalmässing mit seinem netten kleinen Wohnmobilstellplatz lässt sich Vor- und Frühgeschichtliches entdecken und in den Hügeln der Umgebung wunderschön wandern. In Gredings zauberhafter Altstadt wiederum findet man ein verstecktes Beinhaus und in Kinding eine seltene mittelalterliche Wehrkirche. Von dort kann man dem Lauf der Anlauter, die hier in die Altmühl mündet, mit dem Auto – oder noch besser mit dem Fahrrad – durch ein einsames, ursprüngliches Tal folgen. Und von dort geht es auch entlang des Limes nach Kipfenberg im Altmühltal, wo eine wahre Bilderbuchburg über dem Ort wacht. Auf dem schönen Campingplatz am Flussufer möchte man gerne länger verweilen.

PRÄHISTORISCHES IN THALMÄSSING

Der 5000 Einwohner zählende Markt Thalmässing wurde schon im Jahr 866 erstmals urkundlich erwähnt. Eine Keltenschanze und mehrere prähistorische Grabhügel lassen auf eine frühe Besiedlung des Thalachtals schließen. Am pittoresken kleinen Marktplatz in der Ortsmitte bietet das modern gestaltete Archäologische Museum eine gute Gelegenheit, sich mit dem Thema Vor- und Frühgeschichte vertraut zu machen. Das Museum ist einer der drei Teile des **Fundreichs Thalmässing**, zu dem außerdem das fünf Kilometer entfernte Geschichtsdorf Landersdorf und der Archäologische Wanderweg gehören.

Im **Archäologischen Museum** zeigen drei rekonstruierte Hofanlagen, wie Menschen in der Jungsteinzeit, in keltischer Zeit und im Frühmittelalter lebten. Der Bau der Häuser erfolgte unter Verwendung archäologisch belegter Baumaterialien und -techniken. Das Museumsdorf ist jederzeit frei zugänglich. Der **Archäologische Wanderweg**, eine mit dem Prädikat Premiumwanderweg ausgezeichnete Strecke, ist 15 Kilometer lang, startet direkt am Museum und ist in die drei Abschnitte Vorgeschichtsweg, Keltenweg und Mittelalterweg gegliedert. Und im **Geschichtsdorf**

Landersdorf findet alljährlich am dritten Sonntag im September das Keltenfest statt. Hier werden das arbeitsreiche Alltagsleben, aber auch die kulinarischen Genüsse unserer Vorfahren im wahrsten Sinne des Worte lebendig!

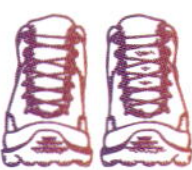

PREMIUMWANDERWEGE Thalmässing hat außer dem Archäologischen Wanderweg noch zwei weitere Premiumwege zu bieten: Der acht Kilometer lange Rundweg »Entlang der Jurakante« startet ebenfalls am Marktplatz beim Museum und führt in westlicher Richtung an der Keltenschanze vorbei. Und auch die 18 Kilometer lange Tagestour »Talachtal Panoramaweg« startet am Museum. Voraussetzung für dieses Prädikat sind unter anderem eine nutzerfreundliche Beschilderung, besondere Sehenswürdigkeiten, Einkehr- sowie Rastmöglichkeiten sowie eine insgesamt eindrucksvolle Landschaft.

BÄRBELS GARTENPARADIES

An der kleinen Straße von Stauf nach Schwimbach, etwa auf halbem Wege zwischen den beiden Dörfern, liegt in aussichtsreicher Lage am Hang das jederzeit zugängliche Grenzsteinfeld, eine Sammlung historischer Grenzsteine. Zwei Dörfer weiter östlich, am Rande von Dixenhausen,erwartet den Besucher ein Traumgarten. Barbara Krasemann, die der ein oder andere vielleicht aus dem Bayerischen Fernsehen kennt, hat hier Mitte

◀ Alter Grenzstein im Grenzsteinfeld ▶ Barbara Krasemann in ihrem Gartenreich

Marktplatz mit historischem Gasthaus zur Krone in Thalmässing

der 1980er-Jahre auf einem 8500 Meter großen Grundstück um ein kleines Hexenhäuschen am Dorfrand begonnen, einen Garten mit verschiedenen, teils seltenen Sträuchern und Bäumen anzulegen. Inzwischen hat er sich zu einem Wald- und Klimagarten entwickelt, mit einem idyllischen Seerosenteich, unterschiedlichen Farnen, blühenden Bäumen und Sträuchern und einem üppigen Gemüsegarten. Zu besichtigen ist **Bärbels Garten** mit ausführlicher persönlicher Führung ohne Anmeldung in den Monaten Mai und Juni an jedem 1. und 3. Sonntag um 10 und 14 Uhr (baerbels-garten.de).

MALERISCHES GREDING

Wer mit Greding, das im hübschen Schwarzachtal an der A 9 liegt, nur Autobahnausfahrt und Autohof assoziiert, täuscht sich gewaltig und sollte unbedingt der Altstadt einen Besuch abstatten. Sie liegt äußerst malerisch an einem Berghang, ist von einer mittelalterlichen Kirche gekrönt und noch vollständig von einer Stadtmauer mit drei Toren und 21 Türmen umgeben. Für eine Stadtbesichtigung parkt man am besten auf dem Parkplatz am Hallenbad südlich der Altstadt an der St 2227. Schnell erreicht man zu Fuß im Zentrum den großen Marktplatz mit **Brunnen**, dem fürstbischöflichen **Schloss** aus dem 17. Jahrhundert, dem ebenfalls barocken Rathaus und dem kleinen, aber sehr schönen **Archäologischen Museum**. Folgt man den Gassen bergauf, kommt man zunächst an der Kirche **St. Jakob** mit schönem barockem Innenraum vorbei, bevor man die romanische

◀ Beinhaus der Michaelskapelle … ▶ und Fresken in der Kirche St. Martin, Greding

Basilika **St. Martin** ganz oben auf dem Hügel erreicht. Der Turm stammt großenteils aus dem 11. und das Kirchenschiff aus dem 12. Jahrhundert. Beeindruckend sind die Fresken aus dem 12. bis 15. Jahrhundert und der spätgotische Altar. Links neben der Kirche befindet sich im Untergeschoss der im 12. Jahrhundert erbauten Michaelskapelle ein **Beinhaus**, das wohl aus Platzmangel innerhalb des ummauerten Friedhofs im 14. Jahrhundert dort eingerichtet wurde und eines von nur drei erhaltenen Beinhäusern in Bayern ist. Von hier oben hat man einen schönen Blick über die Dächer der Altstadt auf das Schwarzachtal. Ausführliche Infos über die Sehenswürdigkeiten findet man auf der gut gemachten Internetseite von Greding (greding.de/sehenswuerdigkeiten).

In der Nähe kann man ein interessantes Naturphänomen erleben. Ein drei Kilometer langer **Naturlehrpfad** führt durch das bewaldete **Kaisinger Tal** vorbei an **Kalksinterterrassen**, durch die das klare Wasser des Brunnenbachs fließt. Dieser hat zuvor auf seinem unterirdischen Verlauf durch das Karstgestein des Jura mit natürlicher Kohlensäure Kalk gelöst, der an der Luft wieder abgelagert wird und so über viele Jahre die mit Moos überzogenen Kalkterrassen entstehen ließ. Der Naturlehrpfad startet etwa 400 Meter östlich von Greding an der Straße nach Kaising.

WEHRHAFTES KINDING

In südlicher Richtung erreicht man nach rund sieben Kilometern den kleinen Marktflecken **Kinding**, wo die Schwarzach in die Altmühl mündet. Gleich am Ortsanfang tauchen die drei imposanten Türme der **Kirchenburg Kinding** auf. Kinding gehört zu den ältesten Siedlungen im Raum Eichstätt und wurde erstmals um 900 erwähnt. Die festungsartige Wehrkirche wurde 1357 geweiht, der Sockel des Kirchturms stammt aber aus dem 11. Jahrhundert. Dem inneren Friedhof mit Ringmauer und drei Türmen ist an der Südseite der ebenfalls ummauerte äußere Friedhof vorgelagert, der in Kriegszeiten als Fluchtstätte für das Vieh diente. Vom Wehrgang sind beiderseits des Turms an der Südostecke noch Schießscharten sichtbar. Das Kircheninnere wurde im 17. und 18. Jahrhundert barockisiert. In der Ortsmitte stehen sich zwei große einladende Gasthöfe direkt gegenüber.

Die Kirchenburg Mariä Geburt in Kinding

RADTOUREN Eine schöne Fahrradtour kann man von Kinding durch das recht einsame und wenig bekannte Anlautertal nach Titting machen. Der 17 Kilometer lange Weg verläuft recht eben abseits der Straße auf Wald- und Wirtschaftswegen. Durch Kinding führt zudem der Altmühltal-Radweg, auf dem man in östlicher Richtung nach Beilngries (11 km) oder Dietfurt an der Altmühl (20 km) fahren kann. In südwestlicher Richtung sind es sieben Kilometer auf einer ehemaligen Bahntrasse nach Kipfenberg und 33 Kilometer in die barocke Bischofsstadt Eichstätt.

◀ Anlauter und Mühlkanal in Enkering ▲ Jurahaus mit Garten in Erlingshausen im Anlautertal ▼ Gasthof zum Bräu in Enkering im Anlautertal

Filialkirche St. Martin, Schafhausen im Anlautertal

ABSTECHER INS ANLAUTERTAL

Das Anlautertal zählt zu den schönsten Seitentälern des Altmühltals. Von Kinding aus fährt man auf der St 2228 durch Enkering in das idyllische Tal, bis man nach etwa fünf Kilometern gemütlicher Fahrt auf die einsam dastehende trutzige Filialkirche **St. Martin** beim Weiler Schafhausen zufährt. Etwa zwei Kilometer weiter führt die Straße durch **Erlingshofen**, wo sich links ein schön saniertes, **altes Jurahaus** mit üppiger Blumenpracht im alten Bauerngarten als Fotomotiv anbietet.

Der nächste Ort ist **Altdorf** mit alten Jurahäusern am Anlauterufer und der Pfarrkirche **St. Nikolaus**. Sie ist 1732 nach Plänen von Gabriel de Gabrieli erbaut worden und zeigt wertvolle Stuckarbeiten im Inneren und eine schöne Stuckkanzel. Biegt man hier rechts ab, erreicht man nach wenigen Kilometern den Markt **Titting**. Auf dem Weg dorthin kommt man noch an großen Wacholderheiden vorbei. Sehenswert ist das ehemalige **Wasserschloss**, das zwar nicht besichtigt werden kann, dessen Innenhof aber zugänglich ist. Es wurde 1497 erstmals erwähnt. Die Vorgeschichte ist unbekannt. 1707 ließ der damalige Fürstbischoff eine Brauerei einrichten, die bis heute existiert. 1885 gingen Schloss und Brauerei in den Besitz der Familie Gutmann über, in deren Besitz es heute noch ist.

◀ Römischer Wachturm am Pfahlbuck ▶ Nachbau des Limes-Palisadenzauns

DER LIMES IM ZENTRUM BAYERNS

Von Titting fährt man nun am besten zurück durch das Anlautertal bis Altdorf und biegt dort ab auf die St 2336, die am südlichen Ortsrand von der St 2228 abzweigt und hinauf auf eine Hochebene rund um **Pfahldorf** führt. Direkt nördlich von Hirnstetten und Pfahldorf führt, wie mit dem Lineal gezogen, der **Limes** vorbei, den man heute noch im Gelände teilweise sehen kann. Auch beim Blick auf eine topografische Karte oder das Satellitenbild ist er deutlich erkennbar. Man kann ihm hier auch gut mit dem Rad folgen, indem man sich an die Markierungen des **Deutschen Limes-Radwegs** hält. Östlich von Pfahldorf führt der Weg, zunehmend steiler werdend, immer weiter schnurgeradeaus hinunter Richtung Kipfenberg. Am bewaldeten Hang wurde ein hölzerner römischer **Wachturm** rekonstruiert. Parallel zum Radweg verläuft ein Wanderweg, der hier direkt dem noch recht gut zu erkennenden Erdwall durch den Wald folgt.

PITTORESKES KIPFENBERG

Die Landstraße führt etwas weniger steil in Serpentinen hinunter nach Kipfenberg ins Altmühltal. Dort wird man vom malerischen Anblick auf die den Ort überragende Burg begrüßt. Hier befindet man sich übrigens im geografischen Mittelpunkt Bayerns, worauf die Tourismuswerbung

gerne hinweist. Biegt man hinter der Altmühlbrücke rechts ab, erreicht man nach 200 Metern den schönen Campingplatz Altmühltal (s. S. 70 f.) und geradeaus nach etwa 300 Metern die Altstadt mit hübschem **Marktplatz** und netten Lokalen. Die über dem Ort liegende **Burg Kipfenberg** kann man von hier aus gut zu Fuß erreichen. Die Parkmöglichkeiten dort sind sehr begrenzt und der etwas größere Besucherparkplatz 500 Meter entfernt. Zudem ist die Fahrt über die steile Serpentinenstraße für große Fahrzeuge nicht empfehlenswert.

Im 13. Jahrhundert wurde auf einem Dolomitfelsen eine Adelsburg errichtet, die schon 1301 an das Hochstift Eichstätt verkauft wurde, in dessen Besitz sie bis 1803 blieb. Große Teile der Anlage mussten im 19. Jahrhundert wegen Baufälligkeit abgerissen werden. 1925 wurde sie restauriert. Sie befindet sich heute in Privatbesitz und ist nicht zu besichtigen.

MUSEUMSBESUCH In der Vorburg ist das sehenswerte Römer und Bajuwaren Museum mit den Schwerpunktthemen Bau und Untergang des Limes sowie die Zeit nach der Völkerwanderung untergebracht. Das Highlight sind die Funde des 1990 entdeckten Grabes eines bajuwarischen Kriegers aus dem 5. Jahrhundert samt Grabbeigaben. Im selben Gebäude befindet sich auch der Infopoint Limes, in dem man die rekonstruierte Wachstube eines Limeswachturms besichtigen kann, bevor man sich zur Stärkung auf die Gartenterrasse des Museumscafés begibt.

◀ Auf dem Limes-Radweg ▶ Blick auf Kipfenberg und die Burg im Altmühltal

AUF EINEN BLICK

STADT/REGION: Thalmässing, Greding und Kipfenberg, Altmühl-, Anlauter- und Schwarzachtal
BESTE REISEZEIT: Frühling bis Herbst
OPTIMALE REISEDAUER: 2–3 Tage
TOURISTINFO: Thalmässing, Stettener Straße 26, 91177 Thalmässing, Tel. 09173/909 24, info@thalmaessing.de, thalmaessing.de
Tourist-Information Stadt Greding, Marktplatz 8, 91171 Greding, Tel. 08463/904 20, tourist-info@greding.de, greding.de
Tourist-Information Kipfenberg, Marktplatz 2, 85110 Kipfenberg, Tel. 08465/94 10-40, touristinfo@markt-kipfenberg.de, kipfenberg.de

SEHENSWÜRDIGKEITEN

ARCHÄOLOGISCHES MUSEUM FUNDREICH THALMÄSSING: Marktplatz 1, 91177 Thalmässing, Tel. 09173/91 34, fundreich-thalmaessing.de
GESCHICHTSDORF LANDERSDORF: Landersdorf 28, 91177 Thalmässing
BÄRBELS GARTEN: Dixenhausen 23, 91177 Thalmässing, Tel. 09173/788 86, inbaerbelsgarten@gmail.com
ARCHÄOLOGISCHES MUSEUM GREDING: Marktplatz 8, 91171 Greding, Tel. 08463/904 60, greding-museum.de
ST. JAKOB GREDING: Am Kirchberg 3, 91171 Greding
ST. MARTIN GREDING: Am Kirchberg 17, 91171 Greding
KIRCHENBURG KINDING: An der Wehrkirche 6, 85125 Kinding
RÖMER UND BAJUWAREN MUSEUM: Burgstraße 51, 85110 Kipfenberg, Tel. 08465/90 57 07, museum@kipfenberg.de, bajuwaren-kipfenberg.de

AZUR CAMPING ALTMÜHLTAL

ADRESSE: Campingstraße 1, 85110 Kipfenberg, Tel. 08465/90 51 67, kipfenberg@azur-camping.com, azur-camping.com

◀ Campingplatz Kipfenberg ▶ Wohnmobilstellplatz Thalmässing

ANFAHRT: Von Kinding, das an der Ausfahrt 58 Altmühltal der A 9 liegt, auf der St 2230 durch das Altmühltal nach Kipfenberg, dort der Beschilderung folgen.
GPS: 48.94834, 11.38859
Sehr schöner, ruhig an Ortsrand und Altmühl gelegener, großer Campingplatz ohne Dauercamper. Plätze auf Rasen, viele hohe Bäume, Spielplatz mit Klettergarten, modernes Sanitärgebäude, WLAN, Ver- und Entsorgung mit Bodeneinlass. Perfekter Standort für Radtouren auf dem Altmühltal-Radweg. Bootsslip für Kanus am Platz, Kanuverleih gleich nebenan, ideale Spots für Paragliding ebenfalls in der Nähe.

WOHNMOBILSTELLPLATZ THALMÄSSING

ADRESSE: Münchener Straße 27, 91177 Thalmässing, Tel. 9173/90 90, thalmaessing.de
ANFAHRT: Von Greding an der Ausfahrt 57 Greding (A 9) auf der St 2227 nach Thalmässing (ca. 11 km). Der Stellplatz liegt am Ortsanfang rechts der Straße.
GPS: 49.08737, 11.22635
Das ebene Gelände mit einigen Bäumen und Picknickbänken hat 6 großzügige Stellplätze auf Schotter und Rasen, von Hecken getrennt, beleuchtet. Stromsäulen mit Münzeinwurf, kostenloses WLAN. An der Infotafel liegen Prospekte bereit. Ver- und Entsorgung mit Bodeneinlass, öffentliche Toilette im Haus des Buches am Marktplatz. Spielplatz direkt nebenan. Die Übernachtungsgebühr bezahlt man gegenüber an der Tankstelle oder der Metzgerei. Discounter schräg gegenüber, Entfernung zum Marktplatz im Zentrum nur 450 Meter.

Mittelalter und Barock im Sulztal

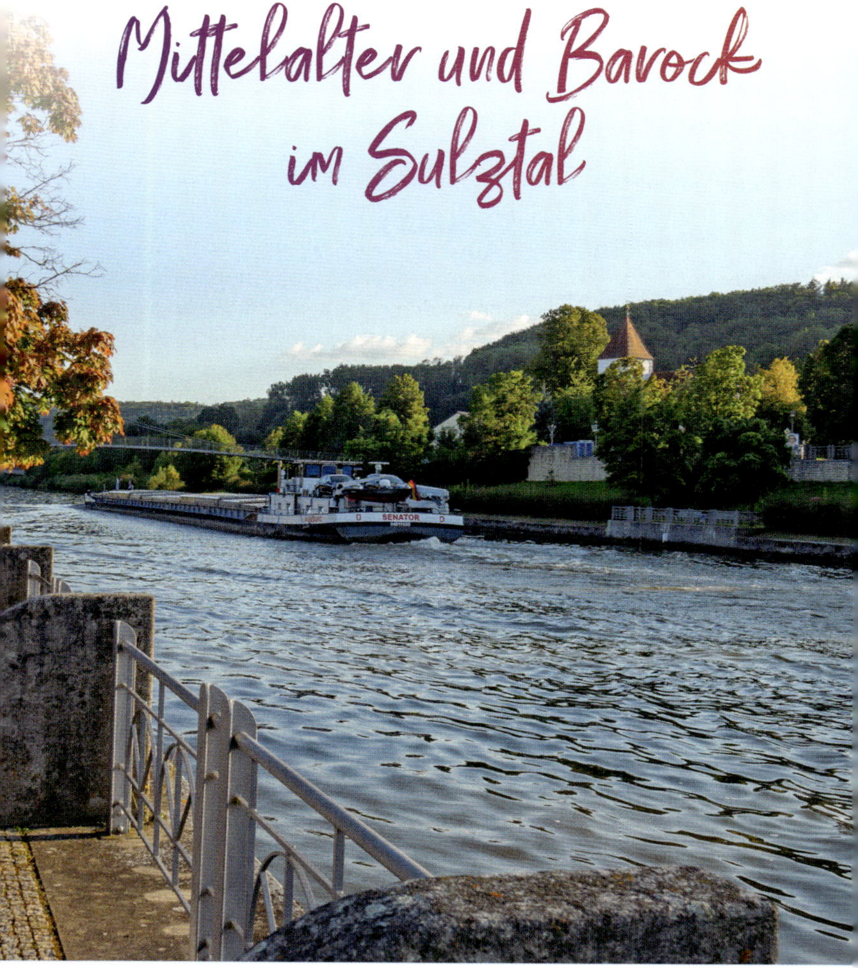

Der Main-Donau-Kanal im Sulztal bei Berching

Das Tal der Sulz zwischen Mühlhausen und Beilngries hat viel zu bieten: eine Fahrt mit dem Treidelschiff auf dem Ludwigkanal, eine Besichtigung des mittelalterlichen Berching, Kloster Plankstetten samt Bioladen, das malerische Beilngries mit tollen Gasthöfen und dem prächtigen barocken Schloss Hirschberg.

Gleich von drei Gewässern wird das Sulztal durchflossen: Die Sulz entspringt als linker Seitenfluss der Altmühl westlich von Neumarkt in der Oberpfalz. Sie wird seit dem 19. Jahrhundert zwischen Mühlhausen und Beilngries vom Ludwigkanal und seit den 1990er-Jahren vom Main-Donau-Kanal begleitet. Bei Mühlhausen kann man sich bei einer Treidelfahrt auf einem historischen Schiff von einem Pferd über den Ludwigkanal ziehen lassen. Weiter südlich fließt die Sulz mitten durch das zauberhafte Berching, ein Kleinod des Mittelalters, und kommt danach am Kloster Plankstetten vorbei. Hier betreiben Mönche sehr erfolgreich eine Biolandwirtschaft, deren Erzeugnisse man im eigenen Hofladen kaufen kann. Schließlich mündet die Sulz bei Beilngries mit seiner schönen Altstadt, in der gute Einkehrmöglichkeiten zum Verweilen einladen, in die Altmühl.

CHARMANTES STÄDTCHEN BERCHING

Idealer Ausgangsort für einen Besuch der Altstadt von Berching, das vor 1100 Jahren gegründet wurde, ist der Wohnmobilstellplatz an der Schiffsanlegestelle am Main-Donau-Kanal. Von hier kann man entlang der Uferpromenade und durch das **Gredinger Tor** (Oberer Torturm) die Altstadt erreichen. Sie wird noch komplett von einer **Stadtmauer** aus dem 15. Jahrhundert mit 13 erhaltenen Türmen und vier Toren umschlossen. Östlich der Sulz liegt die Vorstadt, der älteste Stadtteil von Berching, der ebenfalls noch eine Stadtmauer hat. Man trifft zunächst auf den Reichenauplatz, einen großzügigen **Marktplatz** mit prächtigen alten Bürgerhäusern, der von einem Bach durchflossen wird. Er geht in den Pettenkoferplatz über, der vom **Mittleren Tor** abgeschlossen wird und ein malerisches Fotomotiv abgibt. Südlich des Platzes, etwas versteckt in den Altstadtgassen, trifft man auf die **Stadtpfarrkirche Mariä Himmelfahrt**. Sie gehört mit ihrer Rokokoausstattung zu den interessantesten Kirchen des 18. Jahrhunderts im Bistum Eichstätt.

RESTAURANTS Dank der vielen Besucher in Berching konnten sich hier einige gute Restaurants etablieren, die alle am zentralen Platz liegen, etwa das frisch sanierte Altstadthotel und Brauereigasthof Winkler (winkler-berching.de), der Hotel-Gasthof Blaue Traube (hotel-blauetraube.de) aus dem 17. Jahrhundert und ihm gegenüber das Restaurant Meteora (meteora-berching.de) mit griechisch-mediterraner Küche.

Durch das Mittlere Tor verlässt man den westlichen Teil der Altstadt und tritt auf die **Johannesbrücke**, eine steinerne Bogenbrücke, die die Sulz überspannt. Noch unmittelbar davor liegt rechts das **Museum Berching** mit einer Multimedia-Präsentation über das Leben und Werk des Komponisten **Christoph Willibald Gluck**. Er wurde am 2. Juli 1714 in Erasbach geboren und ist als der große Opernreformator des 18. Jahrhunderts weltweit bekannt.

Von der Johannesbrücke aus schaut man auf den zwischen Fluss und Stadtmauer neu angelegten **Hans Kuffer Park**. Er bietet auf Steinmauern Sitzgelegenheiten, um am Wasser zu verweilen. Kindern macht es auch Spaß, im Wasser zu planschen oder über die Steine im Fluss zu balancieren.

◀ Pettenkoferplatz und Mittleres Stadttor in Berching ▶ Der heilige Nepomuk auf der Sulzbrücke in Berching, im Hintergrund die Stadtmauer

Stadtbefestigung von Berching

Links der Johannesbrücke liegt hinter der Spitalkapelle seit 2021 die moderne **Kulturhalle**, die trotz – oder gerade wegen? – ihrer Architektur wunderbar ins Stadtbild passt. Die FAZ bezeichnete sie als »architektonischen Glücksfall«. Davor breitet sich ein schöner, einladender **Biergarten** aus, der schon in der Vorstadt liegt. Rechterhand befindet sich die **Kirche St. Lorenz**, die schon um 1060 geweiht worden war. Sie enthält wertvolle spätgotische Ausstattungsstücke und wurde im Barock zur Wandpfeilerkirche in ihre heutige Form umgebaut. Der mächtige Chorturm stammt noch aus dem 13. Jahrhundert.

TREIDELFAHRT MIT ALMA VIKTORIA

Etwa sechs Kilometer nördlich von Berching, in der Nähe von Mühlhausen, liegt das alte unmotorisierte Frachtschiff **Alma Viktoria** an der Schleuse 25 im alten **Ludwig-Donau-Main-Kanal**. Es lädt ein zu Fahrten auf dem Kanal mit einer Schleusung, wobei das ehemalige Frachtschiff von einem Pferd vom Treidelpfad aus gezogen wird. Für die Fahrgäste bietet die Schifffahrt die Möglichkeit, in die gemütliche Art des Reisens vergangener Zeiten einzutauchen und dabei die schöne Landschaft zu

Treidelschiff Alma Victoria, gezogen von einem Pferd am Ludwig-Donau-Kanal

genießen. Die Fahrt geht von der einzigen noch in Betrieb befindlichen Schleuse auf dem historischen Kanal nach Pollanten und zurück.

BENEDIKTINERABTEI PLANKSTETTEN

Leicht erhöht am Rande des Tals ragen schon aus der Ferne gut sichtbar die beiden Kirchtürme der Klosterkirche der **Benediktinerabtei Plankstetten** auf. Ebenso idyllisch liegt der kostenlose Wohnmobilstellplatz am Hang unterhalb der Klostergebäude (s. S. 81). Die Abtei wurde 1129 als Bischöfliches Eigenkloster gegründet. Im Bauern- und im Dreißigjährigen Krieg geplündert und teils zerstört, erhielt Plankstetten bis Ende des 17. Jahrhundert die barocken Gebäude, die heute noch vorhanden sind. Die Kirche stammt noch aus dem 12. Jahrhundert. Beeindruckend ist die spätromanische Eingangshalle, das sogenannte »Paradies«. Im 15. Jahrhundert wurde ein gotischer Chor angefügt und das Kircheninnere nach den Zerstörungen im 16. und 17. Jahrhundert im Barockstil erneuert.

HOFLADEN UND KLOSTERSCHÄNKE Das Kloster lebt heute von der Herstellung eigener Bioprodukte (Metzgerei, Bäckerei, Schnapsbrennerei). Das Bier wird im Riedenburger Brauhaus hergestellt. Besucher können die Erzeugnisse in der Klosterschenke mit Biergarten (kloster-plankstetten.de/betriebe/schenke) genießen oder im Hofladen (kloster-plankstetten.de/einkaufen/hofladen) erwerben. Es gibt auch eine Klosterbuchhandlung.

ALTER UND NEUER KANAL

Drei Wasserläufe teilen sich das Tal. Zum einen fließt hier schon seit Jahrmillionen die **Sulz** als linker Nebenfluss der Altmühl. Im 19. Jahrhundert wurde endlich das Großprojekt **Ludwig-Donau-Main-Kanal** durchgeführt, das den ersten Schiffsverkehr zwischen Nordsee und Schwarzem Meer ermöglichte. 1846 wurde er nach zehnjähriger Bauzeit eröffnet. Schon bald machte ihm aber die aufkommende Eisenbahn Konkurrenz, sodass der Kanal 1950 endgültig stillgelegt wurde und in den 1960er- und 1970er-Jahren oberhalb von Nürnberg unter den Trassen von Schnellstraßen und Autobahn verschwand. Nachfolger wurde der 1960 begonnene **Rhein-Main-Donau-Kanal** mit demselben Ziel, das Schwarze Meer und die Nordsee zu verbinden, allerdings als Großschiffahrtsweg und Lieblingsprojekt von Franz-Josef Strauß. 1992 wurde der Kanal nach 32 Jahren Bauzeit vollendet.

BEILNGRIES – ZWISCHEN MITTELALTER UND ROKOKO

Beilngries wurde 1007 erstmals urkundlich erwähnt und erhielt 1053 Markt- und Zollrecht. Im späten Mittelalter wurde eine **Stadtbefestigung** errichtet, die im Bauernkrieg die Zerstörung der Stadt verhinderte. Heute ist Beilngries ein lebendiges Städtchen mit ca. 10 000 Einwohnern. Die Altstadt hat mit ihren Gassen und Plätzen mittelalterlichen Charakter bewahrt. Im Zentrum steht die um 1900 erbaute **Stadtpfarrkirche St. Walburga** mit ihren bunt glasierten Turmhelmen und gegenüber das barocke Rathaus. Unübersehbar ist der ehemalige Getreidekasten, das heutige **Haus des**

◀ Kloster Plankstetten ▶ Altstadt von Beilngries

Gastes. Im **Seelennonnenturm** an der Stadtbefestigung am Sulzufer wohnte einst die Totenfrau. Ein Werk des Rokoko, den Fürstbischöfen zu verdanken, ist die **Frauenkirche** von 1753.

Beilngries hat ein unübertroffenes **gastronomisches Angebot**. Direkt gegenüber dem Haus des Gastes liegt das Hotel und Restaurant **Fuchsbräu** (fuchsbraeu.de), zu dem heute auch das benachbarte historische Gebäude **Kaiserbeck** aus dem 16. Jahrhundert gehört. Gleich um die Ecke gibt es das ebenfalls in historischen Mauern befindliche Hotel **Der Millipp** (millipp.de/start/) aus dem 15. Jahrhundert mit Metzgerei und Gasthof. Am anderen Ende der Hauptstraße liegt der neu gestaltete Biergarten der letzten Brauerei von Beilngries, **Schattenhofer** (schattenhofer-beilngries.de). Und etwas abseits des Trubels, in der Buchbindergasse 2, findet man das nette kleine **Altstadtcafé** (Tel. 08461/31 65 77).

Schloss Hirschberg, fürstbischöfliche Sommerresidenz

◀ Gastgarten Der Millipp in Beilngries ▶ Kirchtürme St. Walburga in der Altstadt

STARTPUNKT BEILNGRIES Die Stadt Beilngries ist der ideale Startpunkt für entspannte Fahrradtouren. Auf ebenen Wegen entlang des Wassers geht es von hier gleich in drei Richtungen. Man kann auf einem Abschnitt des Fränkischen Wasserradwegs an all den beschriebenen Orten vorbei nach Neumarkt in der Oberpfalz fahren (ca. 30 Kilometer). Ebenso kann man auf dem Altmühltal-Radweg entweder nach Dietfurt und Riedenburg radeln oder in die andere Richtung nach Kinding und von dort entweder nach Greding abzweigen oder weiter an der Altmühl nach Kipfenberg fahren. Und als Letztes bietet sich noch eine kleine Rundtour von gut 20 Kilometern an. Für diese fährt man auf dem Altmühtal-Radweg Richtung Dietfurt und biegt an der Brücke über den Main-Donau-Kanal nach Westen ab, um entlang des Wassers über Ottmaring zurück nach Beilngries zu gelangen.

Auf einem Bergrücken über Beilngries thront das stolze Schloss Hirschberg, das seit seiner Erbauung 1170 bis ins Jahr 1305 als Burg der Grafen von Hirschberg diente. Die beiden Bergfriede sind heute noch erhalten. Der Letzte der Grafen vermachte das Anwesen dem Bischof von Eichstätt. Drei italienische Baumeister erschufen im 18. Jahrhundert eine dreiflügelige Schlossanlage im Stil des Rokoko für die Sommerfrische der Eichstätter Fürstbischöfe. Heute wird das Schloss als Tagungs- und Bildungshaus der Diözese Eichstätt genutzt. Der Schlosshof ist jederzeit frei zugänglich, eine Besichtigung der Räume hingegen nur im Rahmen von festen Besichtigungsterminen möglich (beilngries.de).

AUF EINEN BLICK

STADT/REGION: Berching, Beilngries, Sulztal
BESTE REISEZEIT: Frühling bis Herbst
OPTIMALE REISEDAUER: 2 Tage
TOURISTINFO: Tourismusbüro Berching, Pettenkoferplatz 12, 92334 Berching, Tel. 08462/205 13, tourismus@berching.de, berching.de
Stadt Beilngries, Tourismus und Kultur, Hauptstraße 14, 92339 Beilngries, Tel. 08461/84 35, tourismus@beilngries.de, beilngries.de

SEHENSWÜRDIGKEITEN

MUSEUM BERCHING: Johannesbrücke 2, 92334 Berching, Tel. 08462/952 79
TREIDELSCHIFF ALMA VIKTORIA: Hauptstraße 2 b, 92334 Pollanten, Tel. 0171/484 10 91, kutscheralm@aol.de, kutscher-alm.de
BENEDIKTINERABTEI PLANKSTETTEN: Klosterplatz 1, 92334 Berching, Tel. 08462/20 60, info@kloster-plankstetten.de, kloster-plankstetten.de
HAUS DES GASTES: Hauptstraße 14, 92339 Beilngries, Tel. 08461/84 35, beilngries.de
SCHLOSS HIRSCHBERG: Hirschberg 70, 92339 Beilngries, Tel. 08461/642 10, tagungshaus-schloss-hirschberg.de

WOHNMOBILSTELLPLATZ AN DER SCHIFFSANLEGESTELLE

ADRESSE: Uferpromenade 3, 92334 Berching, Tel. 08462/205 13, berching.de
ANFAHRT: A 9 von Norden kommend Ausfahrt 57 Greding, der Beschilderung nach Berching folgen. In Berching erste Abzweigung rechts zur Schiffsanlegestelle. Von Süden kommend A 9 Ausfahrt 59 Denkendorf, Beschilderung folgen nach Beilngries und von dort B 299 nach Berching, zweite Abzweigung links zur Schiffsanlegestelle abbiegen.
GPS: 49.1097, 11.43833

◀ Stellplatz an der Schiffsanlegestelle … ▶ … und am Kloster Plankstetten

Für Wohnmobile getrennter Bereich auf dem Parkplatz an der Schiffsanlegestelle in unmittelbarer Nähe zur Altstadt. Stellplätze auf Rasenpflastersteinen unter Ahornbäumen, WLAN, Stromanschlüsse. Imbiss und öffentliche Toiletten vorhanden (Gebühr), Ticket am Parkscheinautomat ziehen (nur Barzahlung). Ganzjährig geöffnet. Ver- und Entsorgung mit Bodeneinlass auf der gegenüberliegenden Seite der Nordtangente am Rand des Festplatzes möglich (nur April bis November). Der Stellplatz ist relativ ruhig. Günstige Lage für einen Besuch der Altstadt oder für Fahrradtouren durch das Sulztal.

WOHNMOBILSTELLPLATZ KLOSTER PLANKSTETTEN

ADRESSE: Biberacher Straße, 92334 Berching, Tel. 08462/20 60
ANFAHRT: A 9 von Norden kommend Ausfahrt 57 Greding, der Beschilderung zum »Kloster Plankstetten« folgen. Von Süden kommend A 9 Ausfahrt 59 Denkendorf, Beschilderung folgen nach Beilngries und von dort aus in Richtung Kloster Plankstetten.
GPS: 49.06788, 11.45477
Großer Wohnmobilstellplatz, großenteils auf schräger Wiese. Sehr ruhig und idyllisch gelegen mit Blick auf das Tal, direkt unterhalb der Klostergebäude. Teils geschotterter Untergrund, größtenteils Wiese, wenig Schatten. Öffentliche Toilette im Klosterhof. Keine Ver- und Entsorgung. Biohofladen mit Bäckerei und Metzgerei im Kloster (Heiße Theke mit täglich wechselndem warmem Gericht), Schenke und Biergarten mit Brotzeiten und warmen Gerichten. Der Platz ist kostenlos, die Betreiber gehen aber davon aus, dass man in der Schenke einkehrt oder im Hofladen einkauft. Idealer Ausgangspunkt für Radtouren durch das Sulztal. Entfernung nach Beilgries 4 km, nach Berching 5,5 km.

DINOSAURIER & BAYERISCH CHINA

Sieben Täler

Schleuse 11 mit Schleusenwärterhaus am Ludwig-Donau-Main-Kanal

Dietfurt an der Altmühl befindet sich in einer einmaligen Lage – im Zentrum von sieben aufeinandertreffenden Tälern. Entsprechend vielfältig und abwechslungsreich ist die Umgebung mit Dino Museum, Wehrkirche, Zen-Kloster, Mühlenmuseum, Keltenhaus, Drachenmuseum und endlosen Rad- und Wanderwegen.

Das sympathische Städtchen Dietfurt, das seit Jahrhunderten den Beinamen **»Bayerisch China«** trägt, zieht eigentlich ständig Besucher an. Aber speziell in der Faschingszeit kommen jährlich etwa 20 000 Menschen aus nah und fern, um den berühmten Chinesenfasching mitzuerleben. Am Unsinnigen Donnerstag gibt es einen prächtigen Festzug mit rund 50 Wagen und Fußgruppen in chinesischen Kostümen und mit unzähligen Drachen. Vor dem Rathaus von 1479 erinnert auch der interessante **Chinesenbrunnen** seit den 1960er-Jahren an den Beinamen von Dietfurt. Und eine Anekdote erklärt, wie es dazu kam: Als der Kämmerer vom Fürstbischof in Eichstätt nach Dietfurt geschickt wurde, um festzustellen, warum dort so wenig Steuern gezahlt wurden, verschlossen ihm die Bürger die Stadttore. Verärgert berichtete er seinem Fürstbischof, dass ihm die Dietfurter »wie Chinesen« vorkämen, die sich hinter ihrer Mauer verschanzten.

CHINESISCHE KÜCHE Heute präsentiert sich Dietfurt ganzjährig als »Bayerisch-China-Reich« – die Angebote reichen von chinesischen Kochkursen bis zu QiGong und Taiji. Wer das Kochen lieber Profis überlässt, geht ins China Restaurant 7-Täler. Dank exzellenter Kritiken kommen die Gäste teilweise von weit her, um hier zu essen (chinarestaurantsiebentaeler.de).

MUSEEN IN DIETFURT

Die kleine Stadt hat einige interessante Museen. Das **Altmühltaler Mühlenmuseum** in der 550 Jahre alten Mühle Dietfurt ist eine Mischung aus noch arbeitender Mühle, der einzigen im ganzen Altmühltal, und Museum. Auf vier Etagen werden mit 53 Lederriemen die Maschinen und Mühlräder angetrieben. Für jeden Besucher sicher ein besonderes Erlebnis. 1897 wurde die Mühle mit einem zusätzlichen Wasserrad ausgestattet, das mit einem Gleichstromgenerator die ganze Stadt bis 1950 mit Strom versorgte.

In der Nähe des Goggerturms am südlichen Rand der Altstadt ist in einem historischen Anwesen die Werkstatt eines Wagners erhalten geblieben, die heute noch in Familienbesitz ist und als **Wagnerei-Museum** besichtigt werden kann. Die Werkstatt im Erdgeschoss ist im Zustand von 1920 bis 1930 erhalten. Die historischen Maschinen sind voll funktionsfähig und werden für Reparaturen und Nachbauarbeiten immer noch genutzt. Die Ausstellungsräume im Obergeschoss geben einen Einblick in die Wohn- und Arbeitswelt einer Handwerkerfamilie vor 100 Jahren. Eine Besichtigung ist nach Terminabsprache auch kurzfristig möglich.

Das **Museum im Hollerhaus** ist in einem stilecht sanierten Jura-Bauernhaus untergebracht und zeigt etwa 4000 Jahre Siedlungsgeschichte um Dietfurt. Ausführlich wird die Ausgrabung einer prähistorischen Siedlung dokumentiert, die beim Kanalbau entdeckt wurde. Außerdem gibt es noch eine umfangreiche Sammlung von Mineralien und Fossilien zu besichtigen.

GUTES FÜR KÖRPER UND SEELE

Am nördlichen Rand der Altstadt liegt das **Franziskanerkloster**, in dem heute noch Mönche leben, weshalb man nur die Kirche besichtigen kann. Es wurde 1660 gegründet und 1802 mit der Säkularisation aufgelöst. Seit 1977 leben hier wieder Franziskaner, deren Arbeitsschwerpunkt seitdem das **ZEN-Meditationshaus** ist. Es kann als das älteste »christliche Zen-Kloster« im deutschsprachigen Raum angesehen werden. Wer einen Ort

◀ Wagnerei-Museum in Dietfurt ▶ Museum im Hollerhaus in Dietfurt

◀ Wassertreten in der Stadtlaber in Dietfurt ▶ Chinesenbrunnen vor dem Rathaus

zur Neuorientierung, Besinnung oder zum Krafttanken sucht, kann hier an einem der Kurse von Zen über Ikebana bis T'ai Chi Ch'uan in äußerst stilvollem Ambiente teilnehmen (meditationshaus-dietfurt.de).

An der Klostermauer plätschert in aller Idylle die Stadtlaber vorbei. In einer **Kneippanlage** hat man die Wahl zwischen Wassertreten im Becken oder im Bach. Hier beginnt auch der drei Kilometer lange **QiGong-Rundweg**, der mit zehn Tafeln ausgestattet über attraktive Teilstücke des Wallfahrerwegs und des Jurasteigs führt. Wer einen kurzen steilen Anstieg nicht scheut, sollte auf dem Kreuzweg hinauf zum **Kreuzberg** steigen. Oben, wo früher der Galgen stand, befindet sich heute ein eisernes Kreuz aus dem 19. Jahrhundert. Der Blick von dort über den Talkessel ist fantastisch.

NATURERLEBNISWEG KREUZBERG/WEISSE LABER Der Chinesenbrunnen ist Ausgangspunkt einer Rundwanderung durch traumhafte Natur. Der Naturerlebnisweg Kreuzberg/Weiße Laber führt über 13 Kilometer (abgekürzte Variante neun Kilometer) auf den aussichtsreichen Kreuzberg und vorbei an alten Hecken und Obstbäumen zur Ruine der Burg Ödenburg auf einer Felsnase über dem Tal der Weißen Laber. Man steigt hinunter in das Tal und folgt dem Wasser- und Mühlenweg entlang der Laber vorbei an Quellen und Wacholderheiden, bis man beim Franziskanerkloster wieder die Altstadt erreicht.

◀ Biergarten des historischen Gasthofs Stirzer ▶ In der Obermühle in Mühlbach

GASTHOF STIRZER Unterwegs in der Altstadt, sollte man unbedingt versuchen, einen der begehrten Tische im historischen Gasthof Stirzer zu bekommen. Betritt man durch das Tor des 500 Jahre alten Anwesens den Innenhof mit dem Biergarten, von dem man in die alte Gaststube und das ehemalige Brauhaus gelangt, fühlt man sich in eine andere Welt versetzt. Hier scheint die Zeit stehen geblieben zu sein, und man sieht, dass die Besitzer das zu schätzen wissen. Die Räume haben ein Ambiente wie im Bilderbuch. Um das Ganze zu vervollkommnen, kommt hier ausschließlich Slow Food aus der Küche. Von den Forellen aus der Laber bis zum Wild aus den umliegenden Wäldern – alles frisch, saisonal und regional (gasthof-stirzer.com).

OASE DER STILLE – BREITENBRUNN

In nördlicher Richtung führen eine wenig befahrene Straße und ein Radweg durch das idyllische Tal der Breitenbrunner Laber in das sieben Kilometer entfernte **Breitenbrunn**. Vor dem Ort liegt links ein schöner kleiner Campingplatz (s. S. 90) und direkt daneben das neu gestaltete **Naturbad Breitenbrunn**, ein modernes Naturbad mit chlorfreiem Wasser ohne Chemie mit Schwimmbecken, Spielbereich, Kiesstrand, Planschbecken, großer Wiese mit Liegen und Sonnenschirmen und Gastronomie – und das alles kostenlos (naturpark-altmuehltal.de/freizeit/a-z/naturbad_breitenbrunn-108). Am östlichen Ende des Örtchens mit einer Barockkirche und einem Gasthaus aus dem 16. Jahrhundert liegt malerisch am Waldrand die **Wallfahrtskirche St. Sebastian**. Ende des 14. Jahrhunderts auf einem Felsvorsprung erbaut, ist sie die letzte Station des 130 Kilometer langen Wallfahrerwegs im Naturpark Altmühltal, der in Wemding beginnt. Wegen ihrer einsamen Lage ist sie leider in der Regel verschlossen. Am Fuße des Felsens entspringt die **Sebastiansquelle**, deren Wasser unterhalb in ein **Kneipp-Tretbecken** mündet.

8

HISTORISCHE MÜHLEN UND KIRCHEN

Wenige Kilometer östlich der Altstadt von Dietfurt liegt im Mühlbacher Tal der kleine Ort **Mühlbach** mit einem Ensemble schöner Jurahäuser und der mittelalterlichen **Obermühle**. In dem sanierten Gebäude unterhalb der Mühlbachquelle wurde die Dauerausstellung »Stein. Wasser. Höhle« eingerichtet. Unter dem Berg befindet sich nämlich eine der größten wasserführenden Höhlen Europas.

Das nächste Örtchen **Deising** liegt 3,5 Kilometer weiter südlich im Unteren Altmühltal. Hier ist nach dem Bau des neuen Kanals die **Schleuse 11** des Ludwig-Kanals erhalten geblieben. Ein Wehr und die Schleusenkammer kann man vom Ufer aus sehen. Auf der andern Talseite ragen beeindruckend hohe Kalkfelsen auf, die von der **Burgruine Flügelsberg** gekrönt waren, von der allerdings nicht mehr viel zu sehen ist. Am Ortsrand ragt der Turm der ehemaligen **Wehrkirche St. Nikolaus** über den Dächern der Bauernhäuser auf – eine romanische Chorturmanlage, die wohl in der Gotik einen Stufengiebel erhielt und im 19. Jahrhundert verändert wurde.

Wenige Hundert Meter südlich gelangt man nach rechts in das Seitental des **Altmühlmünsterbachs**, in dem der gotische Kirchturm von **St. Johann**

Die Mühlbach-Quelle bei Dietfurt

Baptist in den Himmel ragt. 1155 ließen sich hier Tempelherren nieder, später Johanniter, die bis 1803 hier lebten. Die romanische Johanniskirche wurde im 15. Jahrhundert gotisch umgestaltet und später barockisiert.

E-BIKE-TOUR Von Deising kann man mit dem E-Bike eine wunderschöne Tour durch das Tal des Altmühlmünsterbachs machen. Auf einem Forstweg geht es durch schönen Mischwald mit idyllischen Lichtungen lange bergauf bis zum Dorf Thann. Von dort kann die Tour zu einer insgesamt 37 Kilometer langen Rundtour ausgedehnt werden – über Altmannstein, dann auf der ehemaligen Bahntrasse durch das Schambachtal nach Riedenburg und weiter auf dem Altmühltal-Radweg bis Deising.

KELTEN UND GOTISCHE FRESKEN

Südwestlich von Dietfurt, unterhalb der gigantischen Schleuse des Main-Donau-Kanals, ist mit der vergleichsweise winzigen Schleuse 14 noch ein Stück vom Vorgänger, dem Ludwig-Donau-Main-Kanal, übrig geblieben – samt altem Schleusenwärterhaus. Direkt daneben kann man das offen zugängliche Erlebnisdorf Alcmona anschauen. »Alcmona« ist der keltische Name für die Altmühl. Der 2000 ins Leben gerufene gleichnamige Verein hat hier ein keltisches Haus rekonstruiert. Zu bestimmten Terminen kehrt hier Leben ein, wenn die Mitglieder des Vereins in historischer Kleidung Besucher am Leben der Kelten teilhaben lassen (alcmona.de).

◀ Im Kelten-Erlebnisdorf Alcmona ▶ Flugsaurier-Fossil im Dinosaurier Museum

Dinosaurier Museum Altmühltal – ein Sauriermodell im Außengelände

Sechs Kilometer südwestlich von Dietfurt liegt **Kottingwörth** mit der **Wehrkirche St. Vitus**. Sie wurde erstmals 1073 erwähnt und letztmals im Barock von Barbieri aus Eichstätt umgebaut. In der **Vituskapelle** entdeckte man erst im 19. Jahrhundert die fantastischen Fresken aus der Zeit um 1310. Die Bilder zeigen das Martyrium von St. Vitus in der Zeit, als die Christenverfolgung unter Diokletian in Rom ihren Höhepunkt erreicht hatte.

ZEITREISE IN DIE WELT DER SAURIER

In etwa zehn Fahrminuten von Köttingwörth erreicht man das **Dinosaurier Museum Altmühltal**, eines der meistbesuchten Ausflugsziele der Region. Das 2016 eröffnete Museum begrüßte bereits im sechsten Jahr seines Bestehens den Millionsten Besucher. Das Konzept ist eine Mischung aus Erlebnispark und Museum mit dem Anspruch, einer der weltweit bedeutendsten Ausstellungsorte für die Urzeit zu sein. Das spektakulärste Ausstellungsstück ist das echte Skelett des ersten jemals gefundenen **Tyrannosaurus Rex** im Teenager-Alter. Eine weitere Sensation ist der größte und schwerste **Flugsaurier**, der jemals gefunden wurde. Stehend war er so groß wie eine Giraffe, seine Flügelspannweite betrug mindestens zwölf Meter. In der Fossiliensammlung ist auch der erdgeschichtlich älteste Urvogel **Archaeopteryx** zu sehen. Im Freigelände gibt es einen 1,5 Kilometer angelegten Parcours durch den Wald, in dem man über 70 lebensechten Nachbildungen von Dinosauriern und anderen Urzeittieren begegnet, die vor 400 Millionen Jahren lebten.

AUF EINEN BLICK

STADT/REGION: Dietfurt an der Altmühl, Sieben Täler
BESTE REISEZEIT: Frühling bis Herbst
OPTIMALE REISEDAUER: 2 Tage
TOURISTINFO: Tourist Information Dietfurt an der Altmühl, Hauptstraße 26, 92345 Dietfurt, Tel. 08464/64 00 19, dietfurt.de

SEHENSWÜRDIGKEITEN

ALTMÜHLTALER MÜHLENMUSEUM: Hauptstraße 51, 92345 Dietfurt an der Altmühl, Tel. 08464/209, muehle-dietfurt.jimdofree.com
WAGNEREI-MUSEUM: Anton Zacherl, Zum Goggerturm 24, 92345 Dietfurt, Tel. 08464/60 21 23, wagnereimuseum-dietfurt.de
MUSEUM IM HOLLERHAUS: Pfarrgasse 6, 92345 Dietfurt, Tel. 08464/64 00 19, dietfurt.de
OBERMÜHLE: Obermühlenweg 3, 92345 Dietfurt-Mühlbach, Tel. 08464/642 69 67, obermuehle-muehlbach.de
WEHRKIRCHE ST. VITUS: Alte Salzstraße 13, 92339 Beilngries
DINOSAURIER MUSEUM ALTMÜHLTAL: Dinopark 1, 85095 Denkendorf, Tel. 08466/904 68 13, info@dinopark-bayern.de, dinopark-bayern.de

JURACAMPING BREITENBRUNN

ADRESSE: Badstraße 4, 92363 Breitenbrunn, Tel. 09495/337, info@juracamping-breitenbrunn.de, juracamping-breitenbrunn.de
ANFAHRT: A 3 Ausfahrt 94 Parsberg, Richtung Breitenbrunn, in Breitenbrunn der Beschilderung zum Campingplatz folgen.
GPS: 49.07808, 11.62197
Netter, gepflegter kleiner Campingplatz in idyllischer Lage, von Dauercampern geprägt, nicht für Dickschiffe geeignet. Der Platz wird von einem Bach durchflossen. Bereich für Tourencamper auf Rasen in der Nähe der Gaststube und modern saniertem Sanitärgebäude. Duschen ohne Münzautomaten. Direkt neben dem Campingplatz liegt das Naturbad. Am Platz vorbei führt der Naab-Altmühl-Radweg (7 km nach Dietfurt). Idealer Ausgangsort für Wanderungen.

◀ Campingplatz Breitenbrunn ▶ 7-Täler Campingplatz Ottmaring

WOHNMOBILSTELLPLATZ A. D. SCHIFFSANLEGESTELLE

ADRESSE: Schiffsanlegestelle Dietfurt, 92345 Dietfurt, Tel. 08464/64 00 19, dietfurt.de

ANFAHRT: A 9 Ausfahrt 58 Altmühltal, Richtung Beilngries, dann nach Dietfurt, auf der St 2230 bleiben bis Kreisverkehr, dort rechts zur Schiffsanlegestelle.

GPS: 49.02766, 11.58286

Der kostenlose Stellplatz liegt an der Schiffsanlegestelle am Main-Donau-Kanal. Geschotterter Boden, ohne Strom, keine Ver- und Entsorgung. Sie ist an der Kläranlage in 1 km möglich, Selbstbedienungscafé im Pavillon an der Schiffsanlegestelle. Straße mit etwas Verkehr in Hörweite.

7-TÄLER CAMPINGPLATZ

ADRESSE: Ottmaring 11, 92345 Dietfurt, Tel. 08464/60 52 12, kosack@camping-ottmaring.de, camping-ottmaring.de

ANFAHRT: A 9 Ausfahrt 58 Altmühltal, nach Beilngries, dort gerade bis T-Kreuzung, Hauptstraße links, bis zur B 299, rechts abbiegen und nächste links Richtung Ottmaring, nach 5 km links abbiegen nach Ottmaring.

GPS: 49.03585, 11.54424

Kleiner, sauberer, straff geführter Campingplatz am Kanal, idyllische Lage. Strom nach Verbrauch plus Anschlussgebühr, saniertes Sanitärgebäude mit kostenlosen Duschen. WLAN (hohe Gebühr), schlechter Mobilfunkempfang. Kiosk mit Brötchenservice am Platz, kein Laden in der Nähe. Saison Anfang April bis Mitte Oktober. Kein ÖPNV in der Nähe, die nächsten Orte Dietfurt (3,4 km) und Beilngries (6 km) sind per Rad auf dem Radweg am Kanal erreichbar.

SCHLÖSSER, BURGEN & RUINEN

Im Altmühl- und Schambachtal

Schloss Hexenagger im Schambachtal

In spektakulärer Lage auf Jurafelsen hoch oben über den Flüssen reihen sich Schlösser und Burgen aneinander – in vergangenen Zeiten perfekt, um Handelswege zu kontrollieren. An den Hängen ziehen sich Wacholderheiden entlang, dazwischen kleine Karsthöhlen – eine herrliche Kulisse für spannende Wanderungen und gemütliche Radtouren.

Geradezu inflationär drängen sich im Unteren Altmühltal rund um Riedenburg die Burgen und Schlösser auf den mächtigen Jurafelsen und bieten den Reisenden einen malerischen Anblick. Allein drei davon stehen über der Altstadt von Riedenburg, was ihr den Namen »Drei-Burgen-Stadt« eingebracht hat. Außerdem hat die Stadt den größten Bergkristall der Welt zu bieten, eine Sommerrodelbahn und den urigen Biergarten des Riedenburger Brauhauses. Während sich an den Nordhängen des Altmühltals dichte Buchenwälder entlangziehen, in denen sich uralte Karsthöhlen verstecken, kommen an den sonnigen Südhängen Kiefernwälder und Wacholderheiden mit Trockenrasen besser mit den klimatischen Bedingungen zurecht. Und im benachbarten Schambachtal hat sich in Hexenagger ein Kleinod der Industriekultur erhalten: eine wassergetriebene Hammerschmiede.

»DREI-BURGEN-STADT« RIEDENBURG

Riedenburg hat einen feinen Wohnmobilstellplatz nahe der Altstadt, der ideale Ausgangsort für Unternehmungen. Viele der Sehenswürdigkeiten lassen sich mit dem Rad bequem auf dem Altmühltal- oder dem Bahntrassen-Radweg durch das Schambachtal erreichen. Wer mag, kann auch mit dem Passagierschiff nach Kehlheim fahren (Fahrradmitnahme kostenlos). Das Zentrum der sanierten **Altstadt** liegt nur wenige Gehminuten entfernt. Am Marktplatz befindet sich im **Rathaus** aus dem 18. Jahrhundert die Tourist-Information.

Nur 250 Meter zu Fuß sind es vom Marktplatz in südöstlicher Richtung zum **Stadtweiher** mit dem **Kanalskulpturenweg**, über den man zum **Kristallmuseum Riedenburg** kommt. Dieses kleine Privatmuseum bietet wahrhaftig Einzigartiges, nämlich die weltweit größte, 7,8 Tonnen schwere Bergkristallgruppe. Ferner zeigt es noch die größte Madagaskar-Turmalin-Sammlung der Welt mit über 800 Scheiben und eine Diamant-Replikat-Sammlung von historischen berühmten Diamanten.

EMPFEHLENSWERTE LOKALE Das Gasthaus Schwan ist die erste Adresse für traditionelle bayerische Küche (schwan-riedenburg.de). Beim Fuchsgarten liegt die Betonung auf »Garten«. Der Besitzer hat hier einen zauberhaft romantischen Garten mit Sitzgruppen, Lauben, Pavillons, Rosen und Skulpturen angelegt (fuchsgarten.de). Und das Riedenburger Brauhaus, die älteste Bio-Brauerei in Bayern, betreibt einen urigen Biergarten in Bioqualität (riedenburger.de/bio-biergarten).

Markantes Wahrzeichen von Riedenburg direkt über der Altstadt ist die **Rosenburg**, deren Gründung auf das 12. Jahrhundert zurückgeht. Im 15. Jahrhundert wurde die Anlage nach Westen wesentlich verstärkt. Das heutige Aussehen hat sich durch Umbauten in der Mitte des 16. Jahrhunderts erhalten. Pächter der staatseigenen Burg ist inzwischen eine **Falknerei**, die dort regelmäßig gut besuchte Flugvorführungen veranstaltet. Ein kleines Stück unterhalb der Rosenburg liegen die Ruinen der schon lange verlassenen **Burg Rabenstein**, die den Burggrafen von Riedenburg als erster Ansitz diente. Sie ist auf einem Fußweg vom Marktplatz aus gut zu erreichen. Der Aufstieg lohnt wegen der fantastischen Aussicht, auch wenn nur Teile der Anlage zugänglich sind. Riedenburgs dritte Burg trennt ein Tal von den beiden anderen. Die **Burgruine Tachenstein** liegt etwas nördlich äußerst malerisch auf einem Felssport in einem Buchenwald und ist ebenfalls nur über einen Fußweg erreichbar. Sie war schon

◀ Die größte Bergkristallgruppe der Welt ▶ Idyllischer Fuchsgarten in Riedenburg

Blick auf Riedenburg mit der Rosenburg

im 16. Jahrhundert verfallen, weshalb heute nur noch der Bergfried und die Ringmauer als romantische Ruinen erhalten sind.

DREI-BURGEN-STEIG Wer gleich alle drei Burgen auf einmal besichtigen möchte, kann sie über den **Drei-Burgen-Steig** auf einer spannenden zweistündigen Rundwanderung erklimmen. Der offizielle Tourbeginn ist an der Tourist-Information am Marktplatz. Man kann aber auch sehr gut vom Wohnmobilstellplatz aus hinter dem Profi Baumarkt starten.

SOMMERLICHER FREIZEITSPASS

Etwa drei Kilometer nördlich hinter Haidhof, an einer großen Flussschleife, wartet geballtes Freizeitvergnügen auf die Besucher. Der **Altmühl-Bob Freizeitpark** bietet eine ein Kilometer lange Sommerrodelbahn, dazu den SpeedBob als eine Art Sommerrodel-Achterbahn und für die Großen einen Quad-Parcours. Anschließend kann man sich im nahen **Badesee St. Agatha** mit Liegewiese, Steg und Kiosk bei kostenlosem Eintritt abkühlen. In den Sommermonaten wird das Baden beaufsichtigt.
Am gegenüberliegenden Berghang, der von hier aus leider wegen des Kanals nicht direkt erreichbar ist, befindet sich eine **Startrampe für Drachenflieger**, die in erster Linie von Wanderern und Mountainbikern als Aussichtspunkt genutzt wird.

◀ Schloss Eggersberg … ▶ … und die gleichnamige Burgruine

ZEITREISE IN DIE VERGANGENHEIT

Bei Gundlfing überquert man auf einer Brücke den Main-Donau-Kanal und fährt entweder mit dem Auto auf der St 2230 Richtung Dietfurt oder mit dem Rad auf dem Altmühltal-Radweg direkt am Ufer in dieselbe Richtung. Letzterer führt immer wieder an malerischen naturbelassenen Altarmen der Altmühl vorbei. Am Wegrand trifft man bald auf die Station 18 des **Archäologieparks Altmühltal**, an der ein eisenzeitliches Gehöft rekonstruiert wurde. Alle Stationen liegen am Fluss- bzw. Kanalufer zwischen Dietfurt und Kelheim und sind frei zugänglich. Wenige Hundert Meter kommt man an einem weiteren verwilderten Altarm an der **Schleuse 10** vorbei. Im Abschnitt zwischen Dietfurt und Kelheim war mit dem Bau des alten Ludwig-Kanals die Altmühl mit Schleusen zum Schifffahrtsweg ausgebaut worden, ähnlich wie heute der Main-Donau-Kanal, nur nicht mit solch massiven Eingriffen.

Gegenüber, hoch oben über dem anderen Ufer, erhebt sich stolz **Schloss Eggersberg**, in dem heute ein Hotel mit Restaurant untergebracht ist. Es ist über die Brücke durch ein Seitental schnell zu erreichen – ein Abstecher, der sich lohnt. Das Hotel Restaurant verströmt eine angenehm stilvolle Atmosphäre und offeriert bodenständige Küche. In einem Nebengebäude ist das **Hofmarkmuseum** untergebracht, eine Privatsammlung an einzigartigen Exponaten rund um die Geschichte von Eggersberg. Folgt man der Straße zum Schloss bis an ihr Ende, trifft man auf die Ruinen der **Burg Eggersberg** aus dem 13. Jahrhundert mit unvergesslicher Aussicht auf das Altmühltal.

NOCH MEHR BURGEN

Fährt man von Riedenburg flussabwärts, sieht man schon von Weitem **Burg Prunn**, die wohl prächtigste und am häufigsten fotografierte Burg im Altmühltal, auf einem 70 Meter hohen Felsen stehen. Sie gehört zu den besterhaltenen Burgen in Bayern, deren Geschichte sich bis 1037 zurückverfolgen lässt. In ihrer äußerst wechselvollen Geschichte, in der sie mehrfach den Besitzer wechselte, wurde sie auch mehrfach zerstört. Zuletzt fiel sie Anfang des 19. Jahrhunderts unter Ludwig I. an den Staat, welcher sich für den Erhalt des Bauwerks als historisches Denkmal einsetzte und es vor dem Verfall bewahrte. Heute kann man die Burg mit ihren im Jahr 2010 sanierten Räumen im Rahmen einer 45-minütigen Führung besichtigen.

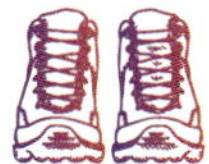

EINTHAL KLAMM Gegenüber von Burg Prunn, im dichten Buchenwald am Talhang, verstecken sich die Einthal Klamm und eine Karsthöhle. Man kann sie zu Fuß von der nahen Brücke über die Altmühl in etwa einem Kilometer erreichen oder im Rahmen einer zwölf Kilometer langen Rundwanderung erkunden. Am besten startet man in Riedenburg, wo man die Altmühl überquert und am Talhang gegenüber durch eine Wacholderheide und am Waldrand entlang zur Burg Prunn wandert. Von dort geht es über den Fluss, dann durch die Klamm ins Naturschutzgebiet »Klamm und Kastlhäng«, vorbei an einer Karsthöhle, die Steinzeitjägern als Rastplatz diente, und zurück nach Riedenburg.

◀ Eisenzeitliches Gehöft im Archäologiepark Altmühltal ▶ Burg Prunn

Wandert oder radelt man am Südufer der Altmühl von Prunn aus in östlicher Richtung weiter, kommt man gegenüber dem Landgasthof und Campingplatz Kastlhof an der **Kastlhanghöhle** vorbei. Noch etwas weiter, gegenüber von Essing, liegt die **Klausenhöhle**, die in vorgeschichtlichen Zeiten von Menschen bewohnt war. Das andere Ufer auf der Seite Essings erreicht man über die drachenförmig geschwungene **Holzbrücke Tatzlwurm**, mit 193 Metern eine der längsten Holzbrücken Europas. Das malerische **Essing**, das an einem verbliebenen Stück ursprünglicher Altmühl liegt, betritt man am besten zu Fuß oder mit dem Rad über die **Alte Holzbrücke** über den Altmühl-Altarm.

Direkt hinter dem Ort ragt senkrecht eine hohe Felswand auf, die von der Ruine der Burg Randeck gekrönt wird. Hinter dem **Brückenturm** rechts trifft man gleich auf den Brauereigasthof Schneider. Der schenkt auf der Terrasse direkt über der Altmühl sein hier gebrautes Bier aus (brauereigasthof-schneider.de). Ein Stückchen weiter kommt man zur **Pfarrkirche Heilig Geist**, einer schönen Barockkirche vom Anfang des 18. Jahrhunderts, in die man einen Blick werfen sollte.

Burgruine Randeck, Main-Donau-Kanal bei Essing

Alte Holzbrücke und Markttor in Essing an der Altmühl

Vom östlichen Ortsende gelangt man über einen Fußweg oder mit dem Auto über eine Straße nach etwa zwei Kilometern zur Ruine der **Burg Randeck**, deren Besuch sich allein wegen der spektakulären Aussicht von der Felskante lohnt. Ihre äußerst wechselvolle Geschichte reicht ins 10. Jahrhundert zurück. Heute gehört sie dem Markt Essing. Es stehen noch der fensterlose Hungerturm, der Bergfried, der als Aussichtsturm bestiegen werden kann, und das Burgverlies. Ist man schon einmal hier oben, lohnt es sich, die Straße noch einen Kilometer weiter zu fahren, um einen Blick auf die **St. Bartholomä Kapelle** zu werfen. Sie liegt einsam in den weiten Feldern der Jurahochfläche hinter einem kleinen Teich an einem Waldrand.

IM UNTEREN SCHAMBACHTAL

Fährt man von Riedenburg durch das Schambachtal Richtung Altmannstein, kommt man zunächst an einer ausgedehnten Wacholderheide vorbei und danach zum kleinen Weiler Schambach mit der **Wallfahrtskirche Mariä Heimsuchung**. Das Innere der Kirche, deren Wurzeln ins Mittelalter zurückreichen, wurde im 18. Jahrhundert barockisiert und 2013 aufwendig saniert. Der Schambach schlängelt sich naturbelassen durch die grüne, mit Wiesen und Schilf bewachsene Talsohle. Schließlich erscheint das **Schloss Hexenagger**, das auf einem Berg über dem gleichnamigen Dorf liegt. Direkt unterhalb des Schlosses weist ein Wegweiser zur 50 Meter entfernten

▲ Bahntrassenradweg im Schambachtal ◀ Wallfahrtskirche Mariä Heimsuchung, Schambachtal bei Riedenburg ▶ Burgruine Altmannstein

Hammerschmiede Huber. Die von einem Wasserrad betriebene Schmiede ist ein Industriedenkmal, wie es schöner nicht sein könnte. Sie gehörte ursprünglich zum Schloss und wurde bereits im 15. Jahrhundert erstmals urkundlich erwähnt. Heute ist sie ein äußerst lebendiges Museum, wenn Herr Huber für seine Besucher das Wasserrad anwirft und das glühende Eisen vom riesigen Schmiedehammer formen lässt. Am besten ist es, man kündigt seinen Besuch vorher telefonisch an.

Wer einen Einblick in den Hopfenanbau bekommen möchte, sollte einen kurzen Abstecher nach **Tettenwang** zum **Hopfen-ErlebnisHof** machen. Auf dem Bauernhof, auf dem seit Generationen vorwiegend Hopfen angebaut wird, bekommt man alles zum Thema erklärt und gezeigt, wobei alle Sinne angesprochen werden: hören, sehen, riechen, schmecken und berühren.

Auf dem weiteren Weg durch das Schambachtal sieht man schon aus der Ferne die **Ruine Burg Altmannstein**, die den **Markt Altmannstein** überragt. Parken kann man gut in der Ortsmitte auf dem Parkplatz am Schambach, den man von der Brücke in der Bahnhofstraße erreicht. Auf dem Weg zur Burg kommt man an der **Heilig-Kreuz-Kirche** vorbei, der man einen Besuch abstatten sollte, um das riesige Kruzifix zu sehen, das den Chor schmückt. Es stammt vom berühmten Rokoko-Bildschnitzer **Ignaz Günther**, der in Altmannstein geboren wurde und das Kruzifix 1764 der Kirche schenkte. Nach 300 Metern erreicht man die **Burg**. Sie wurde 1120 erstmals erwähnt und 1632 von den Schweden zerstört. 1911 wurde ein Wohnhaus mit Treppengiebel errichtet. Von der alten Burg sind nur noch der 18 Meter hohe Bergfried mit seinem Hocheingang in 4,30 Meter Höhe und einer Mauerstärke von 3,50 Metern erhalten.

NACH INGOLSTADT Beim Biergarten Fuchsgarten beginnt ein Radweg, der auf der Bahntrasse der Stichbahn verläuft, die von 1904 bis in die 1970er-Jahre Riedenburg mit Ingolstadt verband. Heute kann man auf ihm ohne nennenswerten Kontakt mit Straßenverkehr das Schambachtal erkunden und nach 37 Kilometern das Zentrum von Ingolstadt erreichen.

AUF EINEN BLICK

STADT/REGION: Riedenburg, Unteres Altmühl- und Schambachtal
BESTE REISEZEIT: Frühling bis Herbst
OPTIMALE REISEDAUER: 2–3 Tage
TOURISTINFO: Tourist-Information Riedenburg, Marktplatz 1, 93339 Riedenburg, Tel. 09442/90 50 00, touristik@riedenburg.de, riedenburg.de

SEHENSWÜRDIGKEITEN

KRISTALLMUSEUM RIEDENBURG: Bergkristallstraße 1, 93339 Riedenburg, Tel. 09442/90 03, kristallmuseum-riedenburg.de
FALKENHOF SCHLOSS ROSENBURG: Schloss Rosenburg, 03339 Riedenburg, Tel. 09442/27 52, falkenhof-rosenburg.de
ALTMÜHL-BOB FREIZEITPARK: St.-Agatha 6, 93339 Riedenburg, Tel. 09442/90 60 06, altmuehlbob.com
SCHLOSS EGGERSBERG: Obereggersberg 18, 93339 Riedenburg, Tel. 09442/9 18 70, schloss-eggersberg.com
BURG PRUNN: Schloßprunn 1, 93339 Riedenburg, Tel. 09442/33 23, burg-prunn.de
HAMMERSCHMIEDE HUBER: Schambachweg 3, 93336 Hexenagger, Tel. 09442/13 86
HOPFENERLEBNISHOF: Schulstraße 9, 93336 Tettenwang, Tel. 09446/12 85, forster-tettenwang.de

WOHNMOBILSTELLPLATZ RIEDENBURG

ADRESSE: Austraße 22, 93339 Riedenburg, Tel. 09442/90 50 00, touristik@riedenburg.de, riedenburg.de
ANFAHRT: Von Kelheim auf der St 2230 Richtung Dietfurt, in Riedenburg nicht die erste Abzweigung Richtung Stadtmitte, sondern die zweite nehmen, nach der Brücke rechts, der Beschilderung folgen. Von Dietfurt Richtung Kelheim auf der St 2230, in Riedenburg gegenüber der Altstadt 1. Abzweigung rechts, nach der Brücke rechts, der Beschilderung folgen.
GPS: 48.96572, 11.68119

◀ Campingplatz Landgasthof Kastlhof ▶ Wohnmobilstellplatz Riedenburg

Hinter dem Pkw- und Bus-Parkplatz liegt ein großer Bereich nur für Wohnmobile direkt an der Altmühl. Ebenes Gelände, Wiese und Schotter, zahlreiche Bäume, ein Bereich schattenlos, nicht parzelliert, ruhige Lage. Einige Stromanschlüsse vorhanden (evtl. langes Kabel nötig), Ver- und Entsorgung mit Bodeneinlass am Platz. Gebühren zahlbar am Parkscheinautomat. Keine Sanitäranlage am Platz, öffentliche Toiletten in 200 m Entfernung an der Bushaltestelle. Ideal für Ausflüge mit dem Rad, Schiff, Fahrradbus, Wanderungen. Liegt direkt am Altmühltal-Radweg. Reichlich Einkehrmöglichkeiten in der Nähe.

CAMPINGPLATZ LANDGASTHOF KASTLHOF

ADRESSE: Pillhausen 1, 93339 Riedenburg, Tel. 09447/698, kastlhof.de
ANFAHRT: Zwischen St 2230 und der Altmühl.
GPS: 48.941, 11.75622
Einfacher, aber sehr netter Campingplatz mit vielen Bäumen und Büschen an einem älteren Landgasthof. Leicht schräges terrassiertes Gelände. Sanitärbereich klein und alt, aber sauber. Viele Dauercamper, unkomplizierte, hilfsbereite Betreiberfamilie. Gasthof mit guter bodenständiger Küche und Biergarten. Straße teilweise in Hörweite. Für Stromanschlüsse evtl. lange Kabeltrommeln nötig. Entsorgung mit Bodeneinlass. Nicht für Dickschiffe geeignet. Bushaltestelle direkt am Platz. Altmühltal-Radweg führt direkt am Platz vorbei. Einige sehr schöne Plätze direkt am Fluss.

Unteres Altmühltal und Donau-Durchbruch

Die Donau in der Weltenburger Enge mit Blick auf die Befreiungshalle

Am Ende des Almühltals liegt die schöne Altstadt von Kelheim zwischen Altmühl und Donau. Ein unvergessliches Erlebnis ist die Fahrt mit dem Schiff durch die Weltenburger Enge. An der Donau haben die Römer ihre Spuren hinterlassen und zum Bau der Limes-Therme animiert. Auch Hundertwasser hat sich hier verewigt.

Hoch über Kehlheim, wo schon die Kelten ihre Spuren hinterließen, steht die Befreiungshalle, die seit 1863 auf die Altstadt von Kelheim, die Altmühl und den Donau-Durchbruch hinunterblickt. Unten an der Donau kann man ein Schiff besteigen, um die Fahrt durch die dramatische Weltenburger Enge zu erleben, an deren Ende die Kulisse des Klosters Weltenburg auftaucht. Eine unterirdische Inszenierung mit Felsen und Tropfsteinen sollte man sich im Schulerloch nicht entgehen lassen. Die Altstadt von Kelheim betritt man durch eines ihrer Stadttore, um durch die historischen Straßen zu bummeln, in einem der Biergärten lokales Weißbier zu trinken oder eines der interessanten Museen zu besichtigen. Donauabwärts, bei Bad Gögging, sind die Ausgrabungen eines römischen Kastells zu besichtigen, wo man auch in der modernen Therme baden und saunieren kann. Und in Abensberg hat sich die Brauerei Kuchlbauer von Friedensreich Hundertwasser einen Aussichtsturm bauen lassen, den man von innen erleben kann.

VON WASSER UMGEBEN – KELHEIM

Die **Altstadt** von Kelheim liegt praktisch auf einer Insel, denn die Landzunge an der Mündung von Altmühl bzw. Main-Donau-Kanal und der Donau wird im Westen vom hier noch vorhandenen **Ludwig-Donau-Main-Kanal** getrennt. An der Schleuse 1 befindet sich der historische, über 100 Meter lange **Kanalhafen**, der 1846 in Betrieb genommen wurde. Südwestlich davon, leicht erhoben, steht die ehemalige **Franziskanerkirche**, in der sich heute das **Orgelmuseum** befindet. Zum Museumskomplex gehören noch Teile des angrenzenden Kreuzgangs sowie die benachbarte kleinere, im Kern romanische Michaelskirche. Ein Museumsbesuch ist mit Audioguides besonders interessant. Von Westen betritt man die Altstadt durch das **Mittertor**, von Süden durch das **Donautor**. Im südwestlichen Stadtviertel ist im spätgotischen **Herzogskasten** das **Archäologische Museum** untergebracht. Das Gebäude diente als Speicher für die Steuern, die in Natu-

ralien wie Getreide abzugeben waren. Heute ist es eine beeindruckende Location, um sich mit der Geschichte Kelheims, die 80 000 Jahre zurückreicht, zu beschäftigen. Der Bau des Main-Donau-Kanals hat zahlreiche vorgeschichtliche Funde zutage treten lassen, die man hier, in modernen Vitrinen wunderbar präsentiert, bestaunen kann und erläutert bekommt.

DER URSPRUNG DES WEISSBIERS

Im Zentrum der planmäßig angelegten Stadt, wo sich die Hauptstraßen treffen, liegt östlich davon der **Ludwigsplatz**. Hier gibt es um die **Mariensäule** mehrere Lokale. Die sieben Meter hohe Säule, eine Nachbildung von Münchens »Patrona Bavariae«, steht hier seit 1700. Im Osten des Platzes befindet sich das **Denkmal Ludwigs I.**, der in seiner Hand den Plan zur **Befreiungshalle** hält. Die Statue wurde 1863 zum Gedächtnis an den Erbauer der Halle aus Kelheimer Marmor gefertigt. Hinter dem Denkmal steht das **Weiße Brauhaus** von 1607, das den Beginn der Weißbierbraukunst in Bayern einläutete. In seinen Gewölben und im dazugehörenden malerischen Biergarten kann man heute im gleichnamigen Gasthaus einkehren (schneider-brauhaus.de). Ein kleines Stück die Straße weiter hinunter kommt man zum **Alten Markt**, dem Zentrum der frühmittelalterlichen Stadt. Hier steht die **Ottokapelle** aus dem 13. Jahrhundert.

◀ Alter Hafen am Donau-Main-Kanal in Kelheim ▶ Ludwigsplatz mit Mariensäule

Reste des Inneren Keltenwalls auf dem Michelsberg

Im **Altmühltal**, etwa vier Kilometer oberhalb von Kelheim, liegt das **Schulerloch**, eine sehenswerte Tropfsteinhöhle, in der gelegentlich auch Konzerte stattfinden. Sie ist leicht begehbar bei einer konstanten Temperatur von neun Grad. Zum Abschluss jeder Führung wird eine multimediale Projektion an der Höhlenwand gezeigt, die den Zuschauer auf eine beeindruckende erdgeschichtliche Reise mitnimmt.

AUF DEM MICHELSBERG

Von Kelheim führt eine Straße hinauf auf den Michelsberg. Von dort hat man einen wunderbaren Blick auf die Donau Richtung Weltenburger Enge. Die freie Fläche auf dem Berg dominiert die vor wenigen Jahren sanierte **Befreiungshalle** mit ihrer wunderschönen klassizistischen, 45 Meter hohen Kuppelhalle. König Ludwig I. ließ sie zur Erinnerung an die Befreiung von den napoleonischen Besatzern 1813 bis 1815 errichten. Von der Galerie hat man einen prächtigen Rundumblick. Der Michelsberg hat eine wesentlich ältere Geschichte, die in das dritte bis erste Jahrhundert vor der Zeitrechnung zurückgeht, als sich hier oben ein **eisenzeitliches Oppidum** befand. Mit 600 Hektar war es eines der größten in Europa und mit mehreren Erdwällen und Mauern abgesichert. Drei der **Erdwälle** sind heute im Wald noch deutlich sichtbar.

Mit dem Linienschiff durch die Weltenburger Enge

MIT DEM SCHIFF DURCH DEN DONAU-DURCHBRUCH

In Kelheim gibt es zwei **Schiffsanlegestellen**: eine an der Altmühl, wo Passagierschiffe anlegen, mit denen man bis Riedenburg und zurück fahren kann, und die andere, größere, an der Donau westlich der Maximiliansbrücke, nur 500 Meter vom Wohnmobilstellplatz entfernt. Hier legen Schiffe nach Regensburg und durch den Donau-Durchbruch nach Weltenburg ab. Die knapp einstündige Fahrt durch die enge Felsenschlucht zum Kloster Weltenburg ist spektakulär und ein unvergessliches Erlebnis.

Zur Fahrt nach Weltenburg sollte man das erste Schiff morgens um 9.30 Uhr nehmen. Die später abfahrenden Schiffe sind erfahrungsgemäß sehr stark frequentiert. Bei Hoch- und Niedrigwasser können sie nicht fahren, das sollte man gegebenenfalls auf der Internetseite prüfen, auf der man auch die Online-Tickets kaufen kann, um sich einen Platz zu sichern (schifffahrt-kelheim.de).

Das Schiff fährt recht langsam gegen die Strömung, wobei man in Fahrtrichtung die Befreiungshalle sieht, während rechts die leicht erhöht liegende ehemalige Franziskanerkirche langsam vorbeigleitet. Es geht weiter durch das enger werdende Donautal, an dessen Berghängen weiße Felsen aus dem dichten Wald ragen. Am rechten Ufer, direkt am Fuße eines steilen

Berghangs, schaut das **Klösterl** hinter einigen Bäumen heraus, eine Einsiedelei mit einer 1603 erbauten Höhlenkirche und einem urigen Biergarten, den man von Kelheim aus zu Fuß oder per Rad erreichen kann. Über Lautsprecher erfährt man Interessantes über die **Weltenburger Enge**, die Felsen, die senkrecht aus dem Wasser aufragen, und was es mit »Napoleons Koffer« auf sich hat, den man erkennen zu können glaubt. Der Donau-Durchbruch ist geologisch gesehen eigentlich keiner, da er schon bestand, als die Donau noch durch das untere Altmühltal floss. Hier fließt sie erst seit 80 000 Jahren. Schließlich windet sich das Schiff durch die engste Stelle zwischen der Stillen und der Langen Wand, und das Kloster Weltenburg rückt ins Blickfeld. Kurz vor dem Kloster legt das Schiff an, um sogleich die Rückfahrt anzutreten.

Im Donau-Durchbruch bei Weltenburg

KLOSTER IN TRAUMLAGE

Das im Mittelalter gegründete **Kloster Weltenburg** ist heute noch eine Benediktinerabtei. Seit 1050 wird hier in der ältesten **Klosterbrauerei** der Welt Bier gebraut, was man sich bei einer einstündigen Führung genauer anschauen kann. Trinken kann man es im großen **Biergarten** der Klosterschenke. Gegenüber liegt die **Klosterkirche**, die zu den wichtigsten barocken Sakralbauten Europas zählt. Sie wurde von den **Brüdern Asam** geschaffen und steht Besuchern offen. Einmalig ist der ovale Innenraum mit dem von unsichtbaren Fenstern indirekt beleuchteten Kuppelgemälde. Betritt man an einem sonnigen Vormittag die Kirche, erstrahlt der Hochaltar mit der Reiterstatue des heiligen Georg von hinten vom Sonnenlicht beleuchtet wie eine gekonnte moderne Illumination.

Von der Sandbank am Kloster kann man sich von einer **Zille**, einem traditionellen hölzernen Fischerboot, an das andere Ufer bringen lassen oder auch an einer Fahrt durch den Donau-Durchbruch bis zur **Wipfelsfurt** und zurück teilnehmen. Von der Wipfelsfurt gelangt man auch über einen Wanderweg nach Kelheim, auf dem man am **Klösterl** vorbeikommt.

◀ Die Befreiungshalle im Morgenlicht ▲ Typische Zille auf der Donau bei Weltenburg ▼ Moderner Nachbau eines Limesturms bei Hienheim

Kloster Weltenburg an der Donau

Knapp 500 Meter flussaufwärts gibt es seit dem 15. Jahrhundert eine weitere Möglichkeit die Donau zu überqueren. Die handbetriebene **Strömungsfähre Stausacker** wartet hier, um Wanderer, Radfahrer und Pkw bis 1,7 Tonnen ohne Motorantrieb ans andere Ufer zu bringen, alleine mit der Kraft des Wassers und der geschickten Ruderführung der Fährmanns.

IM ZEICHEN DES LIMES

Die nächste Möglichkeit der Flussüberquerung ist ebenfalls eine Strömungsfähre, die sieben Kilometer weiter in **Eining** ablegt, und ebenfalls Radler und Autos bis 1,8 Tonnen nach **Hienheim** übersetzt. Von dort kann man nach Essing im Altmühltal oder nach Kelheim fahren. Dabei kommt man wenige Hundert Meter nach Hienheim am **Denkmal der Eisernen Hand** vorbei. Eiserne Hände dienten in alten Zeiten häufig als Wegweiser. Von hier sieht man schon den **Limes-Wachturm von Hienheim**. Man erreicht ihn leicht von einem Parkplatz aus an der Straße, an dem die sogenannte **Hadrianssäule** steht, ein 1861 errichteter Gedenkstein. Der neu errichtete Wachturm in modernem Design steht an der Stelle des ursprünglichen römischen Turms, der das Ende des **Limes** als Festungsbauwerk markiert und ab hier in der Donau weiter verläuft.

Am **Fähranleger in Eining** wird man von einem netten schattigen Biergarten begrüßt, wo man auf das Ablegen der Fähre warten kann, die – wie die in Stausacker auch – von Hand bedient wird. Außerhalb der Fährzeiten (Frühling bis Herbst, 11–20.30 Uhr außer montags) muss man einen Umweg von zwölf Kilometern über die Brücke in Neustadt an der Donau machen.

Hundertwasserturm Kuchlbauer in Abensberg

Am südlichen Ortsrand von Eining, an der Straße nach Bad Gögging, liegt das **Römerkastell Abusina**, ein ehemaliges Kohortenkastell, das als Freilichtmuseum jederzeit offen zugänglich ist. Heute sieht man rekonstruierte Mauerreste der Innenbebauung und der Umwehrung. In der Süd-West-Ecke ist der spätrömische »Burgus« (turmartiges Kastell) gut erkennbar. Die Badeanlage wurde ebenfalls rekonstruiert. **Öffentliche Führungen** gibt es jeden Samstag von April bis September um 10.30 Uhr.

GOLDENE ZWIEBELTÜRME ÜBER ABENSBERG

Fährt man weiter nach Bad Gögging, kann man dort in der Römersauna der **Limes-Therme**, einer Saunalandschaft mit römischem Ambiente, schwitzen wie die Römer und auf dem zur Therme gehörenden Wohnmobilstellplatz übernachten. Verträumte Hundertwasser-Architektur vom Feinsten erlebt man in **Abensberg** (nicht zu verwechseln mit Abenberg in Kapitel 4!). Die Brauerei Kuchlbauer hat hier von **Friedensreich Hundertwasser** sein wohl letztes Bauwerk errichten lassen. Besucher können den 35 Meter hohen **Kuchlbauer-Turm** besteigen und erleben und sich anschließend im Biergarten erfrischen. Das benachbarte **KunstHausAbensberg** wurde von Peter Pelikan gebaut, einem Weggefährten Hundertwassers, und ist dem Leben und Werk des Künstlers gewidmet.

AUF EINEN BLICK

STADT/REGION: Kelheim, Unteres Altmühltal und Donautal
BESTE REISEZEIT: Frühling bis Herbst
OPTIMALE REISEDAUER: 2 Tage
TOURISTINFO: Tourist-Information Stadt Kelheim, Ludwigsplatz 1, 93309 Kelheim, Tel. 09441/70 12 34, tourismus@kelheim.de, kelheim.de

SEHENSWÜRDIGKEITEN

ORGELMUSEUM KELHEIM: Am Kirchensteig 4, 93309 Kelheim, Tel. 09441/70 12 34, orgelmuseum-kelheim.de
ARCHÄOLOGISCHES MUSEUM KELHEIM: Lederergasse 11, 93309 Kelheim, Tel. 9441/104 09, archaeologisches-museum-kelheim.de
SCHULERLOCH: Am Schulerloch 1a, 93343 Essing, Tel. 09441/179 67 78, schulerloch.de
BEFREIUNGSHALLE: Befreiungshallestraße 3, 93309 Kelheim, Tel. 09441/68 20 70, schloesser.bayern.de
KLOSTER WELTENBURG: Asamstraße 32, 93309 Kelheim, Tel. 09441/20 40, kloster-weltenburg.de
RÖMERKASTELL ABUSINA: Abusinastraße 1, 93333 Neustadt an der Donau, abusina.com
KUCHLBAUER-TURM: Römerstraße 5–9, 93326 Abensberg, Tel. 09443/910 10, kuchlbauer.de

◀ Archäologisches Museum Kelheim ▶ Spätrömisches Kastell Abusina

AUF EINEN BLICK

WOHNMOBILSTELLPLATZ AM PFLEGERSPITZ

ADRESSE: Am Pflegerspitz 1, 93309 Kelheim, Tel. 09441/70 12 34, kelheim.de

ANFAHRT: Von der B 16 Regensburg–Neuburg an der Donau in Saal an der Donau abbiegen nach Kelheim, in Kelheim am Kreisverkehr links abbiegen. Kommt man aus dem Altmühltal aus der anderen Richtung, am selben Kreisverkehr rechts abbiegen. Nach der Brücke über den Main-Donau-Kanal an der 2. Ausfahrt (vor der Donaubrücke) rechts abfahren, an der T-Kreuzung links, danach rechts Richtung Parkplätze und Festplatz, dann sofort 180 Grad links abbiegen Richtung P2 und dann rechts zum Stellplatz. Falls belegt, offiziell empfohlener Ausweichplatz am Volksfestplatz P 3.

GPS: 48.91486, 11.87669

Schön angelegter, ebener, geschotterter Stellplatz in ruhiger, sonniger Lage mit viel Grün, großzügige Stellplätze, mit Hecken getrennt. Kassenautomat für Parkscheine (Bar, Girokarte oder mit App), Ver- und Entsorgung mit Bodeneinlass. Öffentliche Toilette am Volksfestplatz. Altstadt und Schiffsanlegestellen in der Nähe.

CAMPINGPLATZ FELBERMÜHLE

ADRESSE: Felbermühle 1, 93333 Neustadt an der Donau, Tel. 09445/516, campingfelbermuehl.wixsite.com

ANFAHRT: An der Straße St 2233 in der Mitte zwischen Bad Gögging und Neustadt an der Donau gelegen, von der B 299 Ausfahrt Neustadt an der Donau Richtung Bad Gögging fahren, Einfahrt beschildert.

GPS: 48.81746, 11.77062

Sehr moderner, wunderschön neu gestalteter, äußerst gepflegter Campingplatz. Großes, ebenes Gelände inmitten von Wiesen und Feldern, das von zwei Läufen der Abens durchflossen wird. Stellplätze teilweise mit Hecken und Sträuchern unterteilt. Viele modern gestaltete Blumenbeete. Ein Bereich für Hunde, einer ohne. Sehr schickes, modernes und komfortabel ausgestattetes Sanitärgebäude. Strom wird im eigenen Wasserkraftwerk an der gestauten Abens produziert.

◀ Wohnmobilstellplatz Am Pflegerspitz ▶ Campingplatz Felbermühle

Kein Laden, aber Brötchenservice. Kräuterbeet zur Selbstbedienung. Die Straße ist in einem Teilbereich des Platzes hörbar. Die Therme in Bad Gögging mit 10 Innen- und Außenbecken und Saunalandschaft liegt in 1,7 km Entfernung, auch auf Radweg erreichbar.

WOHNMOBILSTELLPLATZ LIMES-THERME

ADRESSE: Parkplatz Therme, Heiligenstädter Straße, 93333 Bad Gögging

ANFAHRT: Von der B 16 oder B 299 nach Neustadt an der Donau und Bad Göggimg abbiegen, der Beschilderung Limes-Therme folgen. An den Parkplätzen an der Therme der Beschilderung folgen.

GPS: 48.817806, 11.789139

Enge Zufahrt an Schranke zum Stellplatz. Freien Platz auswählen und nachmittags mit Platznummer am Eingang zur Therme anmelden. Man bekommt eine Karte, mit der man die Duschen in der Therme, die Stromsäulen und die Müllentsorgung benutzen kann. Ohne die Infrastruktur zu nutzen, kann man auch mit dem Parkticket zum normalen Parktarif am Automaten vor der Ausfahrt bezahlen. Vom Stellplatz sind es ca. 200 m Fußweg zum Thermeneingang. Ruhig gelegener, ebener Stellplatz mit großzügigen Stellflächen auf Pflaster und Rasensteinen, kein Schatten. Ver- und Entsorgung mit Bodeneinlass, Entleerung Toilettencassette im CamperClean-Automat. An der Therme gibt es einen Fußgängerbereich mit Lokalen und einem Supermarkt.

BARROCK & NATUR

Zwischen Eichstätt und Arnsberg

Die Türme des Doms in Eichstätt, von der Altmühl aus gesehen

Im idyllischen Altmühltal liegt die Bischofsstadt Eichstätt mit ihrer wunderschönen Altstadt in kurfürstlichem Barock um einen mittelalterlichen Dom. Flussabwärts wurde an originaler Stätte die Toranlage des Römerkastells Vetoniana wiedererrichtet. Über Gungolding liegt die schönste Wacholderheide der südlichen Frankenalb.

Über einer Flussschleife der Altmühl liegt die ausladende Willibaldsburg hoch über Eichstätt, der »Hauptstadt des Altmühltals«, in der man lange durch die alten Gassen mit Palästen und Jurahäusern streifen und die vielen Kirchen rund um Dom und Residenz besichtigen kann. Weiter flussabwärts bei Pfünz liegt die Ausgrabungsstätte des Römerkastells Vetoniana mit teilweise rekonstruierter Befestigungsmauer. Hinter der trutzigen mittelalterlichen Kirche Mariä Himmelfahrt bei Gungolding erstreckt sich eine besonders schöne Wacholderheide entlang der Hänge über der Altmühl. Über einer der vielen Flussschleifen steht die Burg Arnsberg. Die Seitentäler und bewaldeten Höhen laden zu Wanderungen in die Einsamkeit ein.

EICHSTÄTT – PERLE DES BAROCK

Erste Siedlungsspuren datiert man auf das 8. bis 6. Jahrhundert vor der Zeitrechnung. Unter Bonifatius begann die Christianisierung der Region; man errichtete um 740 das erste Kloster, als Willibald von Eichstätt zum ersten Bischof ernannt wird. 908 erhielt Eichstätt das Münz- und Zollrecht, 1042 die Stadtrechte. Im 14. und 15. Jahrhundert kam die Stadt durch Tuchhandel zu Wohlstand, wurde aber im Dreißigjährigen Krieg schwer zerstört und brannte 1634 komplett nieder. Ab 1700 entstand aus den Ruinen die neue barocke Stadt der Architekten Jakob Engel, Gabriel de Gabrieli und Mauritio Pedetti, wie wir sie heute kennen. In der Säkularisation wurde das Fürstbistum aufgelöst und kam zu Bayern.

Mit dem **Residenzplatz** realisierte der Hofbaudirektor de Gabrieli im 18. Jahrhundert eines der schönsten Platzensembles Europas. Gegenüber der Fürstbischöflichen Residenz stehen in untypischer Asymmetrie die Gebäude des »Instituts der Englischen Fräulein«, die Domdechanei, die vier Kavaliershöfe und das Generalvikariat. Auf dem Platz ragen aus dem Marienbrunnen die 19 Meter hohe **Mariensäule** und dahinter die Türme des **Doms** auf. Er besteht aus einem Mix aus Stilelementen aus dem 11. bis

18. Jahrhundert. Der **Kreuzgang** und das anschließende **Mortuarium** sind eine Meisterleistung der Spätgotik. Die zweischiffige Halle mit sieben Säulen (zwei davon aufwendig verziert) diente ursprünglich als Grablege des Domkapitels. Östlich des Residenzplatzes steht am Leonrodplatz die von 1617 bis 1620 erbaute **Schutzengelkirche**, die ehemalige Kollegienkirche der Jesuiten. Die barocke Innenausstattung stammt von 1717 bis 1739.

EINKEHREN Am Domplatz mit der Löwensäule kann man sich für eine Rast im Biergarten des traditionsreichen Eichstätter Gasthof Krone niederlassen (krone-eichstaett.de). Empfehlenswert ist am Marktplatz, der sich dem Domplatz anschließt, auch die Italienische Eismanufaktur Buonissimo (buonissimo-online.de).

Den Marktplatz schließt der **Willibaldsbrunnen** aus dem 17. Jahrhundert ab. Hier verjüngt er sich zur Westenstraße, über die man zur **Bendediktinerinnenabtei St. Walburg** kommt, eine prächtige Klosterkirche des Barockarchitekten Martin Barbieri. Die **Gruftkapelle** der Heiligen Walburga mit mittelalterlicher Grabanlage stammt von ca. 1450.
Am östlichen Rand liegt **Notre Dame du Sacré Coeur**. Die ehemalige Klosterkirche entstand 1719 im Stil des frühen Rokoko nach Plänen von Gabriel de Gabrieli mit einer großartigen Kuppel. Nach der Säkularisation wurde die Kirche nicht mehr als solche genutzt. Das Gebäude wurde schließlich saniert und in ihm das **Informationszentrum Naturpark Altmühltal** untergebracht – eine außergewöhnliche Immobilie für ein Infozentrum.

MUSEUM DAS JURAHAUS Folgt man der Straße Am Graben, gelangt man in ein Viertel mit alten Jurahäusern. In einem davon ist das Museum Das Jurahaus untergebracht. In dem 350 Jahre alten Haus mit Kalkplattendach erfährt man viel über diesen Typ Haus und seine ehemaligen Bewohner.

Südöstlich der Altstadt liegt eine weitere Sehenswürdigkeit des Barock: die **Eichstätter Sommerresidenz** mit dem **Hofgarten**. Gabriel de Gabrieli erbaute sie für den Erzbischof, ab 1715 wurde der barocke Hofgarten angelegt. Die Residenz dient heute der Universität als Verwaltungssitz.

◀ Der Dom zu Eichstätt ▲ Typische Jurahäuser in Eichstätt ▼ Barockbrunnen auf dem Residenzplatz

Vom Garten blickt man auf den Frauenberg, den man zu Fuß erklimmen kann. Oben führt ein **Kalvarienberg** mit goldenen Bildstöcken an den Stationen zur **Frauenbergkapelle**. Von dort blickt man außer auf das Altmühltal auch auf die **Willibaldsburg**. Die Anlage wurde 1355 gegründet und diente nach mehrfachen Erweiterungen bis 1725 als Bischofssitz. Im Nordflügel des Gemmingenbaus ist das **Jura-Museum** mit den bekannten Fossilien der Solnhofener Plattenkalke, im Südflügel das **Museum für Ur- und Frühgeschichte** untergebracht. Am Nordhang der Festung befindet sich der **Bastionsgarten**, erneut mit fantastischer Aussicht auf Eichstätt.

Wer nach dem Besuch des Jura-Museums Lust hat, selbst auf Fossiliensuche zu gehen, kann dies zum Beispiel auf dem der Burg gegenüberliegenden Blumenberg im **Fossiliensteinbruch für Hobbysammler** machen (Kinderdorfstraße 1). Der Blumenberg ist auch ein Paradies für Insekten. Auf einem kleinen Lehrpfad lernt man die Vielfalt des Biotops kennen.

STEINERNE ZEUGEN IM ALTMÜHLTAL

Am östlichen Stadtrand von Eichstätt an der Kipfenberger Straße liegt der Wanderparkplatz Hessental. Von dort erreicht man in wenigen Minuten eine Wacholderheide mit einem großflächigen Kunsterlebnis. 78 überlebensgroße Figuren aus Stein liegen hier zwischen Wacholderbüschen im

Figurenfeld im Hessental, Eichstätt

Figurenfeld Hessental verstreut. Der Eichstätter Bildhauer Alois Wünsche-Mitterecker hat hier in den 1970er-Jahren ein beeindruckendes Mahnmal gegen den Krieg geschaffen. Fährt man die Straße durch das Altmühltal weiter, erreicht man nach drei Kilometern die Abzweigung nach Pfünz und dort das auf einer leichten Anhöhe liegende **Römerkastell Vetoniana**, an der sich ein Parkplatz befindet. Die Anlage ist immer frei zugänglich und zeigt die Rekonstruktionsversuche eines Eckturms und des Nordportals, die leider nicht den wissenschaftlichen Erkenntnissen entsprechen. So müsste das Tor einen Stock höher sein und der Eckturm hatte in der Antike sicher ein Dach. Der Rest der Anlage wird heute landwirtschaftlich genutzt. Das Kastell wurde um 90 n. Chr. mit Erdwällen und Holz angelegt und im 2. Jahrhundert durch Steinbauten ersetzt, bevor sie 100 Jahre später durch Alemannen zerstört wurde.

Von Frühling bis Herbst verkehrt zwischen Regensburg und Dollnstein an Wochenenden und Feiertagen der **Freizeitbus Linie 6010** mit Fahrradanhänger, sodass man Radtouren und Wanderungen in einer Richtung planen und mit dem Bus zurückfahren kann. Zwischen Eichstätt und Kipfenberg hält er in Landershofen, Pfünz, Walting, Gungolding, Arnsberg und Böhming.

BEEINDRUCKENDE NATUR

Im Tal, auf Höhe der Abzweigung von der Landstraße, befindet sich eine schöne alte **Steinbogenbrücke** aus dem 15. Jahrhundert, über die der Altmühltal-Radweg verläuft. Fährt man auf der St 2230 weiter, erreicht man nach neun Kilometern **Gungolding**. Biegt man links ab und fährt durch den Ort, sieht man bald hinter der Kirche St. Mariä Himmelfahrt die **Gungoldinger Wacholderheide**. Hinter der Kirche kann man gut parken und einen Spaziergang starten. Die Wacholderheide entstand im Mittelalter durch Waldrodung und Viehbeweidung, wo sich Pflanzenarten des Trockenrasens ausbreiteten, und ist die größte als Naturschutzgebiet ausgewiesene Wacholderheide Bayerns.

Auf der Weiterfahrt durch das Altmühltal ragt über Arnsberg der 120 Meter hohe Dolomitfelsen Nonnenstein auf, auf dem die verbliebenen Mauern der **Burg Arnsberg**, im frühen Mittelalter Stützpunkt von Raubritter, kleben. Im 15. Jahrhundert fiel sie an die Fürstbischöfe von Eichstätt, die nach dem Erwerb der schicken Residenz Schloss Hirschberg das Interesse an der Burg verloren und sie dem Verfall preisgaben.

ARNDTHÖHLE Arnsberg ist ein guter Ausgangspunkt für Wanderungen. Ein lohnendes Ziel ist die etwa drei Kilometer in südwestlicher Richtung im Wald gelegene imposante Arndthöhle, die man mit einer starken Taschenlampe ausgerüstet besichtigen kann und die Platz für eine mittlere Kirche bietet.

◀ Gungoldinger Wacholderheide ▶ Die Burg Arnsberg im Altmühltal

AUF EINEN BLICK

STADT/REGION: EICHSTÄTT UND ALTMÜHLTAL
BESTE REISEZEIT: Frühling bis Herbst
OPTIMALE REISEDAUER: 2 Tage
TOURISTINFO: Tourist-Information, Domplatz 8, 85072 Eichstätt, Tel. 08421/6 00 14 00, tourismus@eichstaett.de, eichstaett.de

SEHENSWÜRDIGKEITEN

DOM: Domplatz 10, 85072 Eichstätt, eichstaetter-dom.de
SCHUTZENGELKIRCHE: Leonrodplatz 1, 85072 Eichstätt, schutzengelkirche-eichstaett.de
BENDEDIKTINERINNENABTEI ST. WALBURG: Walburgiberg 6, 85072 Eichstätt, abtei-st-walburg.de
NOTRE DAME DU SACRÉ COEUR: Notre Dame 1, 85072 Eichstätt, Tel. 08421/9 87 60, naturpark-altmuehltal.de
MUSEUM DAS JURAHAUS: Rot-Kreuz-Gasse 17, 85072 Eichstätt, Tel. 08421/90 44 05, jurahaus-verein.de
EICHSTÄTTER SOMMERRESIDENZ UND HOFGARTEN: Ostenstraße 26, 85072 Eichstätt
WILLIBALDSBURG: Burgstraße 19, 85072 Eichstätt, Tel. 08421/47 30, schloesser.bayern.de
JURA-MUSEUM: Willibaldsburg, 85072 Eichstätt, Tel. 08421/60 29 80, jura-museum.de
MUSEUM FÜR UR- UND FRÜHGESCHICHTE: Willibaldsburg, 85072 Eichstätt, Tel. 08421/894 50, histver.de
RÖMERKASTELL VETONIANA: Römerstraße, 85137 Walting

WOHNMOBILSTELLPLATZ EICHSTÄTT

ADRESSE: Schottenau, 85072 Eichstätt, Tel. 08421/90 81 47, eichstaett.de/poi/wohnmobilstellplatz_eichstaett-257
ANFAHRT: B 13 von Ingolstadt oder Weißenburg kommend, der Beschilderung »Volksfestplatz« bzw. »Wohnmobil-Stellplatz« und »P+R« folgen.
GPS: 48.88428, 11.19743

◀ Eichstätt, Sommerresidenz im Hofgarten ▶ Wohnmobilstellplatz Eichstätt

Der Stellplatz liegt ruhig am Altmühlufer und nahe zur Altstadt, auf zwei Seiten von hohen Bäumen umgeben und deshalb teilweise schattig. Ganzjährig geöffnet außer während des Volksfests Anfang September. Ebenes Gelände mit Wiese und Schotter mit Stromanschlüssen. Getränkeautomat, Geschirrspülbecken, Toiletten und Duschen mit Münzeinwurf (Ostern bis Oktober) auf dem anschließenden Zeltplatz für Paddler und Radler, Gebühr zahlbar an Parkscheinautomat (bar oder Girokarte), Ticket gilt bis 17 Uhr des nächsten Tages. Holiday Clean Ver- und Entsorgungsstation mit Bodeneinlass am Ende des benachbarten Volksfestplatzes (Weg wird beschrieben). Platzbetreuer morgens und abends vor Ort, Bäckerservice täglich 8 Uhr (Mai–August). Der gut ausgestattete Stellplatz ist ideal gelegen für Besuche der Altstadt und der Umgebung, Fahrradtouren und Paddeltouren auf der Altmühl. Die Entfernung zum Residenzplatz über den Rad- und Fußweg entlang der Altmühl beträgt nur 1,3 km, zum nahe gelegenen Edeka nur 300 m.

AZUR CAMPING ALTMÜHLTAL

ADRESSE: Campingstraße 1, 85110 Kipfenberg, Tel. 08465/90 51 67, kipfenberg@azur-camping.com, azur-camping.com

ANFAHRT: Von Kinding, das an der Ausfahrt 58 Altmühltal der A 9 liegt, auf der St 2230 durch das Altmühltal nach Kipfenberg, dort der Beschilderung folgen.

GPS: 48.94834, 11.38859

Sehr schöner und ruhig am Ortsrand und an der Altmühl gelegener großer Campingplatz ohne Dauercamper. Plätze auf Rasen, viele hohe Bäume, Spielplatz mit Klettergarten, modernes Sanitärgebäude, WLAN, Ver- und Entsorgung mit Bodeneinlass. Perfekter Standort für Radtouren auf dem Altmühltal-Radweg in beide Richtungen. Bootsslip für Kanus am Campingplatz, Kanuverleih mit Transfer gleich nebenan, ideale Spots für Paragliding ebenfalls in der Nähe.

AUF DEN SPUREN DER URDONAU

Zwischen Dollnstein und Neuburg

Felsen und Wacholderhain im Naturschutzgebiet Trockenhänge bei Dollnstein

Von Dollnstein im Altmühltal aus lassen sich wunderbare Ausflüge machen – mit dem Auto, dem Rad, dem Kanu oder zu Fuß. Steile Talhänge mit Wacholderheiden, Buchenwäldern und Felsformationen, die sich im Urdonautal fortsetzen, machen den Reiz dieser Region aus. Und die Renaissancestadt Neuburg an der Donau ist der kulturelle Höhepunkt.

Das kleine Städtchen Dollnstein liegt eigentlich in zwei Tälern – dem Altmühl- und dem Urdonautal. Beide treffen hier zusammen. Es ist 80 000 Jahre her, dass die Altmühl hier in die Donau mündete. Seit Letztere beschlossen hatte, sich einen neuen Weg zu suchen und durch die Weltenburger Enge zu quetschen, fließt die Altmühl alleine weiter durch das breite Tal. Südlich von Dollnstein hat ihr ursprünglicher Verlauf das wunderschöne, felsenreiche Wellheimer Trockental hinterlassen. Dort gibt es Burgruinen und kleine Höhlen zu entdecken. Schließlich trifft man auf die Donau in ihrem heutigen Flussbett und die auf einem Felsrücken gelegene Perle einer Renaissancestadt, Neuburg an der Donau.

DOLLNSTEIN – WASSER, FELSEN UND HEIDE

Das stille Städtchen Dollnstein liegt direkt am Ufer der Altmühl und ist heute noch von einer Stadtmauer umgeben. Im Sommer zieht es viele Touristen an, die wandern, radeln und/oder paddeln wollen. Dafür bietet Dollnstein die richtige Infrastruktur, zu der auch der sympathische Campingplatz zählt, der im Ort und gleichzeitig am Fluss gelegen ist. Ein Bootsverleiher bietet seine Dienste an und bringt die Paddler an Einsatzstellen oder holt sie am Zielort der Tour wieder ab. Ebene Radwege führen von hier in beide Richtungen durch die schönsten Abschnitte des Almühltals oder durch das Urdonautal auf einem Bahntrassen-Radweg. Zahlreiche Wanderwege führen über die Trockenhänge, vorbei an Felsen und durch stille Wälder. Für Streckentouren zu Fuß oder mit dem Rad bieten der Bahnanschluss oder der Freizeitbus Möglichkeiten für eine Rückkehr.

In der **Altstadt**, an Stadtmauer und Altmühl, steht die **Burg Dollnstein**, in der sich das **Altmühlzentrum** befindet. Genau genommen handelt es sich nicht um die eigentliche Burg, die im Laufe der Zeit nämlich abgetragen wurde, sondern um die ehemaligen Wirtschaftsgebäude aus der Mitte des 15. Jahrhunderts. Das Museum widmet sich der Geschichte des Ortes und

der umgebenden Landschaft. 2007 wurde im Fußboden ein Schatz mit fast 4000 Silbermünzen entdeckt, der nun in einem der Räume ausgestellt ist. Im gotischen Chor der Pfarrkirche **St. Peter und Paul** sind noch gut erhaltene Fresken aus dem Jahr 1320 erhalten. Sie zeigen unter anderem die Madonna im Strahlenkranz. Wenn man den Ort durch das **nördliche Stadttor** verlässt und sich rechts hält, blickt man auf steil aufragende Kalkfelsen, zwischen denen sich das **Naturschutzgebiet Trockenhänge bei Dollnstein** entlangzieht. Folgt man dem Weg entlang des Berghangs etwa einen Kilometer, erreicht man den spektakulär frei stehenden hohen Felsen **Burgstein**, der den Erosionskräften der Urdonau offensichtlich widerstanden hat. Er entstand vor 150 Millionen Jahren aus Kalkalgen. In vorgeschichtlichen Zeiten wurden auf ihm nahe dem Gipfelkreuz Opfergaben dargebracht, heute dient er als beliebte Kletterwand.

IM ALTMÜHLTAL RICHTUNG EICHSTÄTT

Weiter östlich trifft man im Altmühltal auf halbem Wege nach Eichstätt auf das kleine Örtchen **Obereichstätt**, in dessen Mitte eine weiß getünchte alte Fabrikanlage auffällt. Dabei handelt es sich um das ehemalige Königlich Bayerische Eisenhüttenwerk, das Anfang dieses Jahrhunderts vom Bildhauer Alf Lechner gekauft und zu einem stylischen Museum und Skulpturenpark für seine monumentalen Skulpturen aus Stahl umgebaut wurde. Es gehört heute der **Alf-Lechner-Stiftung**, die auch Sonderausstellungen veranstaltet. Das Museum ist donnerstags bis sonntags für Besucher geöffnet, der Skulpturengarten aber nur im Rahmen von einmal im Monat stattfindenden Führungen zu besichtigen.

AMBITIONIERTE RADFAHRER können in Dollnstein eine etwa 32 Kilometer lange Rundtour mit 250 Meter Höhendifferenz starten, die durch das Altmühltal und über sanfte Hügel in das Wellheimer Trockental führt und von dort zurück nach Dollnstein. Der Weg ist nicht einheitlich markiert, aber leicht zu finden und zu fahren, wenn man in Wasserzell das Altmühltal Richtung Ochsenfeld verlässt und über Biesenhard nach Aicha im Urdonautal fährt. Von dort geht es auf dem Bahntrassen-Radweg weiter nach Dollnstein.

◀ Kletterer am Dohlenfels im Urdonautal ▲ Goldene Madonna auf der Brücke über der Altmühl in Dollnstein ▼ Ruinenkirche Spindeltal bei Mörnsheim

WO EINST DIE DONAU FLOSS

Von Dollnstein führt die St 2047 in das breite **Wellheimer Trockental**, das sich in südlicher Richtung durch die Südliche Frankenalb windet. An den steilen bewaldeten Hängen ragen immer wieder mächtige Felsen auf. Man kann noch vor Wellheim einen Abstecher in das Spindeltal zur **Ruinenkirche** machen, eine wiederbelebte, mittelalterliche Marienwallfahrtsstätte. Ende des 15. Jahrhundert wurde eine neue Kapelle errichtet, um die es laufend Streitigkeiten über die Zuständigkeit gab, auch innerhalb der Kirche. Schließlich wurde sie aufgelöst und verfiel, bis die unter Büschen fast verschwundene Ruine in den 1990er-Jahren wiederentdeckt, mit einem Dach versehen und neu geweiht wurde. Die rekonstruierten Teile der Wand heben sich deutlich von den Mauern der Ruine ab, was zu einer interessanten Gestaltung des Innenraums beiträgt.

Zurück im Urdonautal erreicht man in Konstein den **Dohlenfels**, eine ca. 70 Meter hoch aufragende Felswand, die heute gerne zum Klettern genutzt wird. Sie entstand vor rund 150 Millionen Jahren und ist praktisch der Rest eines Schwammriffs, das sich am Grund eines urzeitlichen Meeres gebildet hatte.

◀ Naturdenkmal »Steinerner Mann« ▶ Weinberghöhlen bei Mauern im Urdonautal

Unterhalb des Dohlenfels liegt ein Parkplatz, der auch als **Übernachtungsplatz** für Wohnmobile, Caravans und Zelte genutzt werden kann. Er ist von 18 bis 7 Uhr gebührenpflichtig, die Gebühr wird abends kassiert. Der Platz ist ruhig gelegen, umgeben von Wiesen, durch Bäume teilweise schattig und mit Picknickbänken, Dixi-Toiletten und kostenlosem WLAN ausgestattet.

Über Wellheim erhebt sich äußerst pittoresk die Ruine der **Burg Wellheim**, von der nur noch die Befestigungsmauern und der Bergfried erhalten sind. Die aus dem frühen Mittelalter stammende Burg war seit dem 18. Jahrhundert dem Verfall preisgegeben. Trotzdem lohnt ein Abstecher allein wegen der fantastischen Aussicht auf das Tal. Die Straße führt durch einen in den Fels gehauenen Tunnel, der für Fahrzeuge über drei Meter Höhe verboten ist. Es gibt vor und nach dem Tunnel jeweils einen Parkplatz, um die Burgruine zu Fuß zu erreichen.

STEINERNE ZEUGEN

Die St 2047 führt weiter durch das Trockental und nach neun Kilometern hinter Wellheim am Örtchen Ellenbrunn vorbei. In der nächsten Linkskurve biegt man rechts ab und kann hier kurz halten, bevor man sofort wieder links auf eine schmale Straße abbiegt. Denn rechts vor einem Busch liegt das Naturdenkmal **»Steinerner Mann«**, ein zwei Meter langer umgestürzter Monolith aus Kalkstein, um den sich eine Sage rankt. Ihrzufolge handelt es sich hier um den zu Stein gewordenen jähzornigen und geizigen Bauern Filzjackl, der seinem Gesinde eine Brotzeitpause nicht gönnte und ausrief: »Der Teufel hole euch faules Pack und mich dazu! Ich wollt, ihr fräßet Steine statt Brot!«. Das ließ sich der Teufel nicht zweimal sagen und ließ einen Blitz herniederfahren, der den Filzjackl samt Brot zu Stein werden ließ.
Einen Kilometer weiter kommt man nach Mauern, wo oberhalb des Ortes ein Steilhang mit dem Naturschutzgebiet **Weinberghöhlen** liegt. In meh-

reren Ausgrabungsepochen wurden hier wichtige Funde steinzeitlicher Bewohner gemacht. Die Höhlen sind zum Schutz vor Raubgrabungen und Einsturzgefahr teilweise mit Absperrgittern versehen. Ausführliche Informationen gibt es auf Infotafeln nachzulesen.

PRACHT DER RENAISSANCE IN NEUBURG

13 Kilometer sind es von hier nach Neuburg an der Donau, das zu den Urdonau-Gemeinden gerechnet wird. Hier parkt man am besten entweder auf dem Wohnmobilstellplatz Schlösslwiese an der Donau (gebührenpflichtig), wenn man dort übernachten will, oder nebenan auf dem kostenlosen Parkplatz für Pkw, Busse und Wohnmobile. Von dort sind es nur wenige Minuten zu Fuß über die Donaubrücke in die erhöht liegende Altstadt. Die malerische Ansicht über die Donau wird vom prächtigen Renaissanceschloss beherrscht.

Neuburg an der Donau mit Schloss

Schon die Kelten und später die Römer nutzten die strategisch günstige Lage auf dem Hügel über der Donau. 1272 erhielt Neuburg Stadtrechte und ist somit eine der ältesten Städte Bayerns. Der Aufstieg begann 1505 mit der von Kaiser Maximilian I. gegründeten Pfalz. Der erste Pfalzgraf des neu gegründeten Fürstentums Pfalz-Neuburg erweiterte das Schloss um drei Flügel und trat dann zum Luthertum über. Die folgenden Fürsten gestalteten den Stadtplatz neu, errichteten ein neues Rathaus und eine neue Hofkirche. Im 17. Jahrhundert wurde Neuburg wieder katholisch, sodass zahlreiche Klöster neu gegründet wurden.

Der heute im Wesentlichen sichtbare Teil des **Residenzschlosses** stammt aus der Renaissance. Besonders sehenswert sind der **Innenhof** mit den umlaufenden Renaissancearkaden und den wertvollen Sgraffitomalereien (1560–1569), der **Rittersaal** von 1575 und die **Schlosskapelle** mit wertvollen Fresken. Da Neuburg im Jahr 1542 lutherisch wurde, ist die Schlosskapelle die älteste evangelische Kirche der Welt. Unbedingt sehenswert ist auch die **Staatsgalerie Flämische Barockmalerei** im Schloss. Etwas versteckt hinter Hofkirche und Unterem Tor steht ein viergeschossiger Barockbau mit Fassadenmalerei. Er beherbergt im dritten Obergeschoss den schönen **Kongregationssaal** mit Wandgemälden und einer reichen Stuckatur. Heute dient er als Konzertsaal, z. B. für die Neuburger Barockkonzerte. Er ist nur im Rahmen einer Führung zu besichtigen. Die benachbarte **Hofkirche** ist ebenfalls ein bedeutendes Werk der Spätrenaissance. Die **Provinzialbibliothek** am Karlsplatz hat einen beeindruckenden barocken

◀ Giebel in der Altstadt von Neuburg a. d. Donau ▶ Fassade der Provinzialbibliothek

Die mittelalterliche Burg Nassenfels

Bibliothekssaal aus dem 18. Jahrhundert, der leider nur im Rahmen einer Führung zu besichtigen ist.
Überhaupt ist der **Karlsplatz** mit seiner prächtigen Bebauung und seinen über 200 Jahre alten Linden einer der schönsten Plätze Süddeutschlands. Im Westen der Altstadt, wo sich einst ein römisches Kastell befand, liegt in einem kleinen Hof die **Alte Münz**, Münzstätte, Glockengießer- und Geschützwerkstatt im 16. Jahrhundert. Über das **Obere Tor**, auch Rotes Tor genannt, verlässt man die befestigte Altstadt.

BURGENROMANTIK NASSENFELS

Acht Kilometer nordöstlich von Neustadt liegt die mittelalterliche **Burg Nassenfels**, die zwar nur von außen zu besichtigen ist, aber auch wegen ihrer Außenansicht einen kurzen Besuch wert ist. Dazu sollte man von Neuburg aus über Egweil nach Nassenfels fahren, da man dann von der Landstraße aus ihre »Schokoladenseite« sieht. Die ehemalige Wasserburg, deren Graben noch deutlich zu erkennen ist, wurde 1245 erstmals urkundlich erwähnt. Bis 1804 diente die Burg als Sitz der Eichstätter Amtsleute. 1806 wurde sie versteigert, wonach Teile abgerissen wurden und ein weiteres Gebäude im 20. Jahrhundert durch Blitzschlag abbrannte. In den 1980er-Jahren erwarb ein Archäologe die Burganlage, restaurierte und rekonstruierte sie behutsam, darunter zwei alte Jurahäuser, die man heute als Ferienhäuser mieten kann (burg-nassenfels.com).

AUF EINEN BLICK

STADT/REGION: Dollnstein und Neuburg an der Donau, Urdonautal
BESTE REISEZEIT: Frühling bis Herbst
OPTIMALE REISEDAUER: 2–3 Tage
TOURISTINFO: Tourismusinformation Dollnstein, Unterer Burghof 5, 91795 Dollnstein, Tel. 08422/15 02, kontakt@dollnstein-info.de, dollnstein.de
Tourist-Information Neuburg an der Donau, Ottheinrichplatz A 118, 86633 Neuburg an der Donau, Tel. 08431/554 00, tourismus@neuburg-donau.de, neuburg-donau.info

SEHENSWÜRDIGKEITEN

ALTMÜHLZENTRUM: Unterer Burghof 5, 91795 Dollnstein, Tel. 08422/987 98 10, altmuehlzentrum.de
ALF-LECHNER-STIFTUNG: Allee 3, 91795 Obereichstätt, Tel. 0841/305 22 50, alflechner-stiftung.com
RUINENKIRCHE SPINDELTAL: An der El 6, GPS: 48.82727, 11.03738
BURG WELLHEIM: Burgstraße 4, 91809 Wellheim
STEINERNER MANN: An der St 2047 bei Ellenbrunn, GPS: 48.78022, 11.06613
WEINBERGHÖHLEN: Quellenweg 2, 86643 Mauern
RESIDENZSCHLOSS: Residenzstraße 2, 86633 Neuburg an der Donau, Tel. 08431/644 30, schloesser.bayern.de

CAMPINGPLATZ DOLLNSTEIN

ADRESSE: Brückenstraße 11 A, 91795 Dollnstein, Tel. 08422/846, campingplatz-dollnstein.de
ANFAHRT: Von der B 13 in Eichstätt auf die St 2230 Richtung Dollnstein abbiegen. In Dollnstein 400 m nach dem Bahnhof rechts abbiegen in die Brückenstraße. Dort liegt die unauffällige Zufahrt rechts in einem Vorhof durch ein Tor.
GPS: 48.8738, 11.07571
Sehr netter privater Campingplatz, absolut ruhig gelegen direkt an der Altmühl mit Bootsanlegestelle, ideal für Paddler. Keine Dauer-

◀ Campingplatz Dollnstein ▶ Wohnmobilstellplatz Schlösslwiese

camper, 70 Stellplätze mit Stromanschluss auf Wiese ohne Bäume, 9 Campingfässer und ein Zeltplatz. Entleerungsstation mit Bodeneinlass für Grauwasser und Chemietoilette und ein Camperclean. Auf dem Platz steht ein Imbisswagen, Entfernung zum Bäcker 100 m, zum Edeka 300 m, zum Kanuverleih 200 m. Ladestation für E-Fahrzeuge vorhanden. Für Kinder gibt es einen Spielplatz und ein Kleintiergehege.

WOHNMOBILSTELLPLATZ SCHLÖSSLWIESE

ADRESSE: Zur Ringmeierbucht, 86633 Neuburg an der Donau, Tel. 02871/23 35 38, komparking.de

ANFAHRT: Von der B 16 Richtung Zentrum, auf der Elisenbrücke die Donau überqueren, danach rechts Richtung Parkplatz P1 Schlösslwiese, geradeaus über einen Deich. Von Norden kommend Richtung Zentrum, an der letzten Kreuzung vor der Donaubrücke zum Parkplatz P1 Schlösslwiese.

GPS: 48.74034, 11.18384

Direkt am Donauufer gelegener Stellplatz, teils von Auenwald umgeben. Ebener geschotterter Platz, kaum Schatten. Stellplätze mit Stromsäulen, Gebühr für Übernachtung und Strom zahlbar an Parkscheinautomat nur mit Karte. Campercard für Ladesäulen gegen Kaution von 10 Euro erhältlich, nutzbar auch für öffentliche Toilette. Restguthaben wird bei Abreise gutgeschrieben. Toilette (Campercard oder Münzeinwurf) und Ver- und Entsorgungsstation auf benachbartem Parkplatz. Sehr zentrumsnah, 500 m zu Fuß zur Altstadt, Radweg entlang Donauufer.

FELSEN & FOSSILIEN

Im Dreiländereck um Solnhofen

Felsengruppe 12 Apostel im Altmühltal

Die kleinen Städtchen Pappenheim, Solnhofen und Monheim mit ihren historischen Sehenswürdigkeiten sind eingebettet in idyllische Natur, die viele Möglichkeiten zum Genießen, Entspannen und aktiver Freizeitgestaltung bietet. Paddeln, radeln, klettern und wandern oder im Steinbruch nach Fossilien suchen stehen zur Wahl.

Das kleine, vergessen wirkende Pappenheim in traumhafter Lage an einer Schleife der Altmühl hat mit einer Burg, zwei Schlössern, einem alten Kloster und einer der ältesten Kirchen Frankens alles, um in die Vergangenheit reisen zu können. Wer die sportliche Herausforderung in luftigen Höhen sucht, kann sich im Waldklettergarten Pappenheim beweisen. Solnhofen wiederum ist mit seinem berühmten Museum und den Steinbrüchen ein Zentrum der Fossilienkunde. Dort kann man mit Hammer und Meißel bewaffnet auf der hoffnungsvollen Suche nach versteinerten Tieren und Pflanzen die Zeit vergessen. Rundum bietet die Landschaft des Altmühltals Flussschleifen, Wälder und spektakuläre Felsen wie die 12 Apostel – eine wunderschöne Kulisse für Paddeltouren, Wanderungen auf den Höhen und Radtouren entlang des Flusses. Durch ein idyllisches, bewaldetes Seitental der Altmühl kann man zum Beispiel dem Flüsschen Gailach folgend durch die einsame Frankenalb nach Monheim radeln. Dabei kommt man am Dreiländereck von Franken, Oberbayern und Schwaben vorbei.

HEIMAT DER PAPPENHEIMER

»Daran erkenn‘ ich meine Pappenheimer«, soll der Feldherr Wallenstein über seine treuen Gefolgsleute laut Friedrich Schiller gesagt haben – hier in Pappenheim waren sie zu Hause. Dank einer Umfahrungsstraße wirkt das alte Städtchen an der Flussschleife wie aus einer anderen Zeit. Im 11. und 12. Jahrhundert entstand zu Füßen des Bergsporns, auf dem die Veste der Herren von Pappenheim stand, eine Siedlung. An ihrer Entwicklung war die jüdische Gemeinde wesentlich beteiligt, deren Friedhof im 11. Jahrhundert gegründet wurde und heute noch an der Straße am nördlichen Ortsrand zu sehen ist. Im Auftrag des Königs waren die Pappenheimer Grafen für den Schutz der Juden verantwortlich. Für das Ende der Burg sorgten die Schweden im Dreißigjährigen Krieg. Der Bergfried wurde restauriert und dient heute als Aussichtpunkt für einen grandiosen Rundumblick.

SCHLÖSSER UND KIRCHEN

Auf dem Weg zur **Burg Pappenheim** kommt man am 1732 gegründeten **Kloster St. Augustin** vorbei, dessen Kirche als gräfliche Grabstätte dient. Am nördlichen Ende der Altstadt am Marktplatz, von dem vier Straßen abzweigen, liegt das dreiflügelige **Neue Schloss**, das 1819 bis 1822 nach Plänen von Leo von Klenze erbaut wurde und heute als Gräflicher Verwaltungssitz dient. Geht man vom Marktplatz aus in die Graf-Carl-Straße, passiert man die evangelische **Stadtkirche St. Marien** aus dem 15. Jahrhundert mit dem markanten Turm. Daneben liegt das **Alte Schloss**, dessen ältester Teil aus dem frühen 16. Jahrhundert stammt und heute noch bewohnt ist. Überquert man am Neuen Schloss die Altmühl, kommt man zur **Kirche St. Gallus**, die auf das 9. Jahrhundert zurückgeht. Im Chor sind der spätgotische Schreinaltar und ein Sakramentshäuschen von 1486 besonders sehenswert. Vom Marktplatz aus sollte man noch die **Deisingerstraße** erkunden, die die eigentliche Hauptstraße darstellt. Dort findet man einige sehr alte Häuser wie den Gasthof zur Sonne aus dem 16. Jahrhundert, in dem es sich gut speisen lässt (sonne-pappenheim.de).

Südlich der Altstadt bei den Sportplätzen liegt der **Volkfestplatz**, der als kostenloser Parkplatz für alle Arten von Fahrzeugen dient und am Rand fünf Wohnmobilstellplätze mit Stromanschluss hat. Wenn niemand Fußball spielt, ist der Platz sehr gut gelegen für eine ruhige Nacht.

◀ Burg Pappenheim ▶ Die romanische Galluskirche in Pappenheim

◀ Blick von der Burg auf Pappenheim ▶ Romanische Säulen der Sola-Basilika

WALDKLETTERGARTEN Am Volksfestplatz befindet sich der Zugang zum Waldklettergarten Pappenheim, der gleich gegenüber am anderen Ufer der Altmühl im Wald installiert ist.

FREIBAD Hinter den Sport- und Tennisplätzen bietet das städtische Freibad mit 40 000 m² großer Liegewiese, 25- und 50-Meter-Becken, einer 60-Meter-Großrutsche und zwei Beachvolleyballfeldern Badespaß für die ganze Familie. Direkt daran schließt eine wunderschöne Allee für Radfahrer und Spaziergänger an, die zum Bahnhof führt.

IN DER LAGUNE AM JURAMEER

Der nächste Ort flussabwärts ist **Solnhofen**. Vor 150 Millionen Jahren hätte man hier in einer Lagune das Rauschen des Jurameeres hören können, dem der Reichtum an versteinerten Lebewesen in Form von Fossilien zu verdanken ist. Weltbekannte Exemplare sind im **Bürgermeister-Müller-Museum** im Original ausgestellt, etwa der Urvogel Archaeopteryx und ein gefiederter Raubdinosaurier.

Unweit von hier befindet sich die **Ausgrabungsstätte der Sola-Basilika**. 1783 wurde sie abgebrochen. Übrig geblieben sind Grundmauern, Säulenreste und Kapitelle von Vorgängerbauten aus dem 7. bis 9. Jahrhundert. Insgesamt standen hier fünf Kirchen. Bei Ausgrabungen entdeckte man Siedlungsspuren, die bis in die Mittelsteinzeit zurückreichen, sowie Reste der keltischen und römischen Epoche. Gleich nebenan wird das Solnhofener Klosterbrot gebacken, das man direkt gegenüber am anderen Flussufer im **Solnhofener Klosterbrot Museumscafé** (solnhofenerklosterbrot.de) kaufen und im verträumten Cafégarten direkt am Ufer verzehren kann.

Kanus auf der Altmühl bei Solnhofen

OUTDOORZENTRUM AKTIVMÜHLE In Solnhofen hat sich in einem alten Mühlengebäude das Outdoorzentrum Aktivmühle niedergelassen. Hier kann man Kanus und Kajaks leihen, geführte Touren buchen oder an Kajakkursen teilnehmen. Für eine Paddeltour mit gemietetem Boot kann man sich zur gewünschten Einsatzstelle bringen und – je nach Tourlänge – an einer gewünschten Ausstiegsstelle wieder abholen lassen.

Weltbekannt sind die **Solnhofener Plattenkalke** aus den Steinbrüchen zwischen Solnhofen und Eichstätt, in denen Kalkstein als Baumaterial gewonnen wird. Der Stein eignet sich aber auch für das Steindruckverfahren Lithografie, mit dem schon Chagall und Miró arbeiteten. Im **Hobbysteinbruch Solnhofen** können Besucher auf Schatzsuche gehen und hoffen, mit Hammer und Meißel interessante Fossilien zutage zu fördern. Am wahrscheinlichsten ist es, Ammoniten zu finden, die man dann mit nach Hause nehmen kann.

STEINERNE APOSTEL

Fährt man auf der St 2230 von Solnhofen weiter Richtung Dollnstein, sieht man schon am Ortsende die **Felsen der 12 Apostel**, die sich am Talhang aufreihen. Noch vor dem ersten liegt links der Straße ein Parkplatz, von dem aus man den Hang hinaufklettern kann, um oben dem Wanderweg zu folgen, der immer wieder schöne Ausblicke auf die Felsen ermöglicht. Die schönste Gesamtansicht auf das Ensemble hat man vom **Altmühltal-Radweg**, der auf der anderen Flussseite verläuft.

Am Ende der Reihe der 12 Apostel trifft man in Eßlingen auf den **13. Apostel** (dreizehnter-apostel.de). So nennt sich das Gasthaus in einem alten sanierten Jurahaus mit Kachelofen in der schönen alten Stube. Hier oder im Biergarten sollte man sich die Wildschweinbratwürste mit Kartoffelsalat mit einem Gutmann-Weizen schmecken lassen. Die Wildsau hat der Wirt selbst gejagt (Tipp von Einheimischen).

DURCHS GAILACHTAL NACH MONHEIM

Nach drei Kilometern kann man kurz vor einem Kreisverkehr links zum Wohnmobilstellplatz Hammermühle abbiegen, einem ruhig gelegenen, bestens ausgestatteten Platz im idyllischen Altmühltal, ideal, um von hier aus auf dem schönen Altmühltal-Radweg zu radeln oder eine Radtour durch das malerische, kaum besiedelte **Gailachtal** nach Monheim zu machen. Natürlich geht das auch mit dem Auto, indem man am Kreisverkehr rechts nach **Mörnsheim** abbiegt. Hier kommt man gleich am Gasthof zum Brunnen vorbei, der wegen seiner guten Küche bei Einheimischen und Touristen sehr beliebt ist (gasthof-zum-brunnen.de).

In Mühlheim kommt man schon nach 3,3 Kilometern an der sogenannten **Gailachquelle** vorbei, was verwundert, da diese eigentlich bei Monheim entspringt. Das tut sie auch, versickert aber schon nach zwei Kilometern und fließt unterirdisch weiter, um hier wieder zutage zu treten. Nur im Winter fließt auch Wasser durch das im Sommer trocken liegende Bach-

◀ Rastplatz am Radweg bei den 12 Aposteln ▶ Fossiliensuche in Solnhofen

bett. Hinter Mülheim trennen sich Straße und Radweg vorerst. Nur mit dem Rad gelangt man durch das Röglinger Tal bald zu einem besonderen geografischen Punkt: das **Dreiländereck**. Hier treffen die Grenzen von Schwaben, Oberbayern und Franken aufeinander, was heute eine ganz andere Bedeutung hat als in vergangenen Zeiten. Immerhin stoßen in dieser Region noch drei Dialekte aufeinander. Als ein Zeichen für die Gemeinschaft im »Dreiländereck« haben sechs benachbarte Gemeinden hier vor wenigen Jahren von einem Bildhauer eine Stele errichten lassen.

GESCHICHTEN AUS DER DREI-STÄMME-STADT

Nach insgesamt 18 Kilometern ist **Monheim** mit seiner kleinen hübschen Altstadt erreicht. Entsprechend ihrer Lage im Dreiländereck hatte die Stadt eine sehr wechselvolle Geschichte und nennt sich heute **bayerische Drei-Stämme-Stadt**. In einer kleinen Broschüre werden die Zugehörigkeiten zu den verschiedenen Herrschaftsgebieten, zwischen denen die Stadt ständig wechselte, aufgelistet.

An der Stadthalle gibt es einen großen **Parkplatz**, der auch als Volksfestplatz genutzt wird. Am Rand wurden einige gebührenfreie **Wohnmobilstellplätze** angelegt mit Strom, Ver- und Entsorgung mit Bodeneinlass und WLAN. Der Platz ist günstig gelegen für eine Stadtbesichtigung.

◀ Altmühltal-Radweg bei Dollnstein ▶ Kreuzgang Stadtpfarrkirche St. Walburga

Altstadt Monheim mit Rathaus und Stadttor

Die kleine Altstadt hat den lang gestreckten **Marktplatz** als Hauptachse, die im Norden vom **Unteren Torturm** und im Süden vom **Oberen Torturm** abgeschlossen wird. Das **Rathaus** wurde 1714 bis 1720 vom jüdischen Kaufmann Abraham Elias Model als Wohnhaus und zu Repräsentationszwecken gebaut. Es zeigt im ersten Stock einmalige Stuckdecken der Wessobrunner Schule. Das südliche Ende des Marktes schließt das pittoreske Ensemble aus den **Moserhäusern** und dem **Oberen Torturm** ab. Über die Kirchstraße erreicht man die **Stadtpfarrkirche St. Walburga** mit der **Walburgakapelle**. Sie gehörte zu einem 870 gegründeten Benediktinerinnenkloster, das 1506 bereits wieder aufgelöst wurde. Vom Kloster ist nur noch der westliche Kreuzgangflügel erhalten. Die heutige Kirche stammt aus spätgotischer Zeit, der Innenraum wurde barockisiert. Die **Walburgakapelle** ist in der Kirche unter einem spätgotischen Netzrippengewölbe aus dem 16. Jahrhundert zu bewundern.

Monheim bietet seinen Gästen eine **»Lauschtour«** in einer kostenlosen App an, in der man fast eine Stunde lang interessante Geschichten über die einzelnen Stationen hören kann (Bayerisch-Schwaben-Lauschtour App, s. App Store und Google Play Store). In die Tour kann man gleich am Park- bzw. Wohnmobilstellplatz einsteigen.

AUF EINEN BLICK

STADT/REGION: Pappenheim, Solnhofen, Monheim/ Dreiländereck
BESTE REISEZEIT: Frühling bis Herbst
OPTIMALE REISEDAUER: 2 Tage
TOURISTINFO: Tourist Information Pappenheim, Deisingerstraße 1, 91788 Pappenheim, Tel. 09143/606 66, touristik@pappenheim.de, pappenheim.de

SEHENSWÜRDIGKEITEN

BURG PAPPENHEIM: Schlossberg, 91788 Pappenheim, Tel. 09143/83 89 10, grafschaft-pappenheim.de
NEUES SCHLOSS: Marktplatz 5, 91788 Pappenheim
ALTES SCHLOSS: Graf-Carl-Straße 13, 91788 Pappenheim
KIRCHE ST. GALLUS: Dechantshof 6, 91788 Pappenheim
WALDKLETTERGARTEN PAPPENHEIM: Auf der Lach 10, 91788 Pappenheim, Tel. 09143/605 52 32, waldklettergarten-pappenheim.de
FREIBAD: Schützenstraße 18, 91788 Pappenheim, Tel. 09143/606 95, stadtwerke.pappenheim.eu
BÜRGERMEISTER-MÜLLER-MUSEUM: Bahnhofstraße 8, 91807 Solnhofen, Tel. 09145/83 20 30, museum-solnhofen.de
SOLA-BASILIKA: Ferdinand-Arauner-Straße 6, 91807 Solnhofen
OUTDOORZENTRUM AKTIVMÜHLE: Eßlinger Straße 3, 91807 Solnhofen, Tel. 09145/83 68 18, aktivmuehle.de
HOBBYSTEINBRUCH SOLNHOFEN: Frauenberger Weg, 91807 Solnhofen, Tel. 0173/534 21 02, hobbysteinbruch-solnhofen.de
RATHAUS MONHEIM: Marktplatz 23, 86653 Monheim, Tel. 09091/909 10, monheim-bayern.de
STADTPFARRKIRCHE ST. WALBURGA: Kirchstraße 16, 86653 Monheim

NATUR CAMPING PAPPENHEIM

ADRESSE: Badweg 1, 91788 Pappenheim, Tel. 09143/12 75, info@camping-pappenheim.de, camping-pappenheim.de

◀ Natur Camping Pappenheim ▶ Wohnmobilstellplatz Hammermühle

ANFAHRT: Von der B 2 östlich Treuchtlingen Richtung Pappenheim abbiegen, am Ortsanfang rechts in die Badstraße abbiegen.
GPS: 48.93495, 10.96909
Sehr einfacher, alter Campingplatz, der allein durch seine Lage punktet. Keine festen Stellplätze auf naturbelassener, großer Wiese mit alten Bäumen am Altmühlufer mit Bademöglichkeit im Fluss, der hier gestaut ist. Ein- und Ausstiegstelle für Bootswanderer, nahe gelegener Kanuverleih (bootsverleih-altmuehl.de), ruhige Lage, kaum Dauercamper. Kleines, einfaches Sanitärgebäude, kostenlose Duschen, Wasserhähne auf dem Platz mit Gully zur Grauwasserentsorgung. Kiosk mit Getränken und Brötchenservice. Kein WLAN, Hunde erlaubt.

WOHNMOBILSTELLPLATZ HAMMERMÜHLE

ADRESSE: Hammermühle 5, 91804 Mörnsheim,
Tel. 09145/836 45 15, kontakt@zeltplatz-hammermuehle.de,
zeltplatz-hammermühle.de
ANFAHRT: Aus Richtung Treuchtlingen von der St 2230 vor dem Kreisverkehr bei Mörnsheim links zum Zeltplatz Hammermühle abbiegen, aus Richtung Dollnstein nach dem Kreisverkehr rechts abbiegen, aus westlicher Richtung kommend durch Mörnsheim fahren und am Kreisverkehr links auf die St 2230 abbiegen und danach gleich rechts. Nicht zum Weiler Hammermühle abbiegen.
GPS: 48.87359, 11.03101
Sehr ruhig gelegener Wohnmobilstellplatz nahe der Altmühl auf ebenem, geschottertem Gelände, für Dickschiffe geeignet, kaum Schatten. Stromanschlüsse, Ver- und Entsorgung mit Bodeneinlass. Der Platz ist beleuchtet. Kein WLAN, Brötchenservice. Der Platz gehört zum Zeltplatz Hammermühle mit Rezeption, an der man sich anmeldet und bezahlt. Modernes Sanitärgebäude kann mitbenutzt werden. Biergarten mit Selbstbedienung.

GLANZ & GLORIA

Highlights der Weissenburger Alb

Weißenburg, Stadtmauer am Seeweiher

Weißenburg, eine der Perlen im Altmühltal, strahlt immer noch den Glanz der Freien Reichsstadt aus. Am Stadtrand liegen römische Thermen bei einem Kastell und eine trutzige Festung der Renaissance ganz im Kontrast zur barocken Pracht von Schloss Ellingen. Der Karlsgraben ist das imposante Relikt mittelalterlicher Planung und Technik

Mit ihrem Römerschatz und den architektonischen Schätzen aus Mittelalter bis Barock kann die ehemaligen Freie Reichsstadt Weißenburg mit dem Feinsten aufwarten, was Altmühlfranken zu bieten hat. Die Altstadt mit ihrer historischen Bausubstanz und malerischen Straßen und Gassen, eingefasst von einer prächtigen Stadtmauer, ist ein Traum. Nicht minder beeindruckend ist das wenige Kilometer nördlich liegende Ellingen mit seiner Residenz, deren barocke Pracht Macht und Reichtum ihres Erbauers zur Schau stellt. Östlich von Weißenburg zeigt die Hohenzollernfestung Wülzburg allein durch ihre Lage und das Ausmaß ihrer Befestigungsmauern ihre strategische Macht und Stärke. Wenige Kilometer südlich kann man an der Fossa Carolina anhand der noch sichtbaren beeindruckenden Spuren den Versuch bewundern, im frühen Mittelalter mit einem Kanalbau die Europäische Wasserscheide zu überqueren. Noch weiter südlich liegt Treuchtlingen an der Altmühl, die ab hier durch ein landschaftlich schönes Tal verläuft. In den einsamen Wäldern der Frankenalb gibt es gleich an zwei Orten das wunderbare Naturschauspiel der Steinernen Rinne zu bestaunen.

Weißenburg hat zwar einen Stellplatz, der leider aber wenig einladend am Rande eines Großparkplatzes am Limesbad gelegen ist. Man kann dort jedoch kostenlos parken und in 500 Metern zu Fuß die Altstadt erreichen. Schöner und direkt an der Stadtmauer steht man auf dem ebenfalls kostenlosen Seeweiher-Parkplatz.

IN DEN MAUERN DER FREIEN REICHSSTADT

Die ältesten Spuren hinterließen im Gebiet der jetzigen Stadt **Weißenburg** die Römer mit dem Kastell Biriciana, den Thermen und einer kleinen Siedlung. Zwischen Ende des 19. und Ende des 20. Jahrhunderts gab es

immer wieder Ausgrabungen, bei denen das **Römerkastell** und die **Thermen** freigelegt wurden. Die letzte sensationelle Entdeckung machte ein Spargelbauer, dessen Fund heute als Römerschatz im **Römer Museum** als Besuchermagnet ausgestellt ist. Nach dem Abzug der Römer gründeten die Merowinger »Uuizinburc«. Karl der Große weilte Ende des 8. Jahrhunderts vermutlich in der Stadt, um den Bau der Fossa Carolina südlich von Weißenburg zu beobachten. 1296 wurde Weißenburg vom Kaiser zur Freien Reichsstadt, einem unabhängigen Stadtstaat, erhoben. 1377 übernahm das Bürgertum die Macht. Durch Napoleon verlor Weißenburg 1802 seinen Status als Freie Reichsstadt und kam zu Bayern.

Das historische **Rathaus** steht im Zentrum der Altstadt als dreigeschossiges gotisches Gebäude aus Sandsteinquadern frei im Raum – symbolhaft für die herausragende Bedeutung der Freien Reichsstadt Weißenburg. Südlich davon liegt der **Marktplatz** und östlich die breite **Luitpoldstraße**. Sie war als Holzmarkt angelegt worden und wird von stattlichen Bürgerhäusern und der gotischen **Karmeliterkirche** gesäumt, die heute ein Kulturzentrum ist. Am östlichen Ende der Straße steht der **Kaiser-Ludwig-Brunnen** aus dem Jahr 1903.

◀ Ellinger Tor ▶ Das Rathaus der Freien Reichsstadt Weißenburg

In der St. Andreas Kirche Weißenburg

VOM GLANZ DER GOTIK UND DEM RÖMERSCHATZ

Westlich vom Rathaus schließen sich der dreieckige hübsche Platz **Am Hof** mit einem Brunnen und Außengastronomie an, parallel dazu die **Rosenstraße**, die zur **St. Andreas Kirche** führt. Die lohnt mit ihrem besonderen Innenraum unbedingt eine Besichtigung. Der Bau stammt aus dem 13. Jahrhundert, der hoch aufragende Chor aus der Mitte des 15. Jahrhunderts. Im Süden über der Vorhalle führt eine Treppe zur Michaelskapelle. Außer den wertvollen Altären verdient noch die steinerne Kanzel von 1655 mit ihrem kunstvollen Maßwerkgeländer Beachtung.

Am Doktor-Martin-Luther-Platz liegt das **Römermuseum Weißenburg**, das den Besucher auf eine Reise in die Zeit des Limes mitnimmt, zu dem auch der berühmte Römerschatz zählt. Hier befindet sich außerdem die Tourist-Information. Gleich nebenan hat das Museumscafé Meyer mit integrierter Buchhandlung Tische und Stühle draußen auf dem Platz stehen – ein wunderbarer Platz für eine Rast mit einem leckeren Cappuccino.

Die Altstadt wird immer noch weitestgehend von einer **Stadtmauer** umschlossen, die den Besucher im Norden durch das imposante **Ellinger Tor** aus dem 14. bis 17. Jahrhundert eintreten lässt. Der eindrucksvollste Abschnitt der hohen Stadtbefestigung mit ihren zahllosen Türmen befindet sich im Süden, wo man dank des Grabens einen freien Blick auf das Bauwerk hat. Im idyllischsten Abschnitt spiegeln sich Mauer und Türme im **Seeweiher** in der Nähe des Parkplatzes.

Rekonstruiertes Kastell Biriciana

EMPFEHLENSWERTE GASTRONOMIE Im Gegensatz zu vielen anderen kleinen Städten, die inzwischen verödet sind, ist Weißenburg eine ausgesprochen lebendige Stadt mit schönen individuellen Geschäften und guter Gastronomie. Ganz im Osten der Altstadt, in der Nähe des Seeweihers, liegt das Bräustüberl Zur Kanne, ein sehr beliebtes Lokal (zurkanne.de). Der Schwarze Bär südlich des Marktplatzes ist eine weitere empfehlenswerte Adresse für gutes Essen (derschwarzebaer.de). Wer es exotischer mag, kann im Maharaja Palace sehr gut indisch essen (maharajapalast.de).

REICHES RÖMISCHES ERBE AM LIMES

Das römische **Biriciana** war der bedeutendste römische Truppenstandort in diesem Limesabschnitt. Um das Jahr 100 wurde hier zur Sicherung der von Rom neu eroberten Gebiete ein Holz-Erde-Kastell errichtet, das ein halbes Jahrhundert später durch ein Steinkastell ersetzt wurde. Es maß ca. 150 mal 180 Meter. 1990 wurden das Nordtor und Teile der Außenmauer rekonstruiert und dabei (wie in Pfünz) eine Etage zu niedrig gebaut. Der Rest des Geländes wurde zwar in den 1960er-Jahren erforscht, aber aus konservatorischen Gründen wieder mit Erde bedeckt. Neben dem **Kastell** befinden sich die Ruinen der **Therme**, die zu den besterhaltenen in Süddeutschland zählen. Sie sind unter einer Zeltdachkonstruktion über begehbare Stege zu bestaunen. Das Gelände betritt man durch ein Empfangsgebäude mit Museum, während das Kastell frei zugänglich ist.

TRUTZIGE FESTUNG UND BAROCKE PRACHT

Luftlinie 2,5 Kilometer östlich vom Rathaus liegt die **Hohenzollernfestung Wülzburg** auf einem 630 Meter hohen Bergkegel, von wo aus man eine wunderbare Aussicht auf Weißenburg und die weite Landschaft der Umgebung genießen kann. 1588 wurde der Grundstein für die Festungsanlage durch Markgraf Georg Friedrich von Brandenburg-Ansbach gelegt. Sie ist mit ihrer fünfeckigen Sternform ein herausragendes Beispiel des Festungsbaus der Renaissance, ebenso das Eingangstor. Durch dieses erreicht man den Hof mit einem zweiflügeligen Schlossbau. Der Wasserversorgung diente ein 143 Meter tief in den Fels gehauener Brunnen.

Gute drei Kilometer nördlich von Weißenburg liegt **Ellingen** mit dem größten barocken Schlossbau in Süddeutschland, denn Ellingen war die **Residenz** des Landkomturs der Ballei Franken, der größten und reichsten der 13 Provinzen des Deutschen Ordens. Ab 1718 entstand der barocke Schlossbau des Architekten Franz Keller, 1815 wurde ein Teil klassizistisch umgestaltet (Besichtigung nur mit Führung zu jeder vollen Stunde). In den Gebäuden

Portal der Renaissance-Festung Wülzburg

gegenüber dem Hauptportal befindet sich seit 1690 die Schlossbrauerei mit dem Fürst Carl Bräustüberl und seinem einladenden Biergarten. Folgt man der Schlossstraße in östlicher Richtung über den Schlossgraben, wo es links in den Park geht, bis zu einer Kreuzung, steht man vor dem prächtigen barocken **Rathaus** von Ellingen. Das Gebäude wurde ursprünglich 1761 als Sitz der »Obergerichtsverwalterei« des Deutschen Ordens gebaut. Sowohl die von hier nach Norden führende Pleinfelder Straße als auch die nach Süden verlaufende Weißenburger Straße zieren zahlreiche schöne Barockhäuser. Der kleine Ort trägt nicht umsonst den Beinamen »Perle des Barock«. Im Süden steht als letztes Gebäude die barocke **Kirche St. Georg**. Mit dem Bau nach Plänen von Franz Joseph Roth wurde 1729 begonnen.

DAS WUNDER DER STEINERNEN RINNEN

Östlich von Ellingen liegt mitten in den Feldern ein weiteres römisches Kastell vergraben. Nur wenige freigelegte und rekonstruierte Mauerreste des **Kastells Sablonetum** schauen aus dem Acker. 1980 bis 1982 fanden im Rahmen der Flurbereinigung umfangreiche Grabungsarbeiten statt. Man erreicht die Ausgrabungsstelle über die Höttinger Straße, wenn man nach dem Ortsende in den nächsten Feldweg links abbiegt. Über dieselbe Straße kommt man nach sechs Kilometern zur in den Hügeln im Wald gelegenen **Steinernen Rinne bei Rohrbach**. Hier entspringt ein Bach, dessen Bett über seine Umgebung hinauswuchs.

◀ Barockes Rathaus Ellingen ▶ Steinerne Rinne bei Wolfsbronn

Ellingen – barocke Schlossanlage mit Orangerie

Es entstand ein eigentümlicher Kalktuffdamm, eine steinerne Rinne von etwa 60 Meter Länge und bis zu 1,5 Meter Breite. Die mit Moos bewachsenen Kalksteinrinnen im lichten Laubwald sind ein zauberhafter Anblick. Vom nahe gelegenen Wanderparkplatz kann man verschiedene Wanderungen durch die malerische Hügellandschaft unternehmen. Ein zweite, ähnliche Steinerne Rinne gibt es am Hahnenkamm in ebenso idyllischer Umgebung. Die **Steinerne Rinne bei Wolfsbronn** ist Luftlinie etwa 13 Kilometer von Weißenburg entfernt.

WAS VOM ERBE KARLS DES GROSSEN BLIEB

Südlich von Weißenburg auf halbem Weg nach Treuchtlingen liegt die **Fossa Carolina**, der Vorvorläufer des Main-Donau-Kanals. Schon 792 begannen die Vorarbeiten für das Projekt Karls des Großen, die Europäische Hauptwasserscheide zu überwinden und den Transport von Waren auf dem Wasserweg zwischen dem Wassersystem zur Nordsee und dem der Donau zum Schwarzen Meer hin zu überwinden. Das gelang letztendlich erst tausend Jahre später mit dem Ludwig-Donau-Main-Kanal. Hier mussten zwischen

Die Fossa Carolina

der Altmühl bei Treuchtlingen, die bekanntlich in die Donau mündet, und der Schwäbischen Rezat bei Weißenburg, die Richtung Main und schließlich in die Nordsee fließt, nur ein paar Kilometer durch einen Kanal überbrückt werden. Von dem Vorhaben ist immerhin nach 1200 Jahren immer noch ein 250 Meter langer, wassergefüllter Kanalabschnitt zu sehen. Der Aushub hat die Ufer, die heute von Wald bewachsen sind, entsprechend erhöht. Woran das Projekt Karlsgraben letztlich scheiterte, ist nicht bekannt.

STADT DES GENUSSES

Wenige Kilometer südlich liegt **Treuchtlingen**, ein Städtchen mit 13 000 Einwohnern und einem vergleichsweise riesigen, bestens ausgestatteten und stets gut besuchten Wohnmobilstellplatz. Von dem aus ist es nicht weit ins Zentrum, wobei man auf halbem Wege schon an der frisch sanierten **Altmühltherme** mit schöner Schwimmhalle, Außenschwimmbecken, einer schicken Salzgrotte und natürlich einer Saunalandschaft vorbeikommt.
Im Zentrum liegt das **Stadtschloss**. In dem Renaissancebau wurde Gottfried Heinrich zu Pappenheim geboren, ein Reitergeneral des Dreißigjährigen Kriegs, den Schiller mit dem berühmten Satz »Daran erkenn' ich meine Pappenheimer« zitierte. Heute noch kann man ahnen, dass es sich ursprünglich

um ein Wasserschloss handelte. Inzwischen sind hier die Tourist-Information und die Informationszentren Altmühltal und Geopark Ries untergebracht.

Östlich neben dem Schloss befindet sich das **Museum Treuchtlingen** in einem alten Manufakturgebäude aus dem Jahr 1900. Es beherbergt eine der größten volkskundlichen Sammlungen Bayerns und zeigt unter anderem Wohnbeispiele aus dem 17. bis 20. Jahrhundert sowie 6000 Jahre Treuchtlinger Siedlungsgeschichte.

KAFFEEPAUSE Danach bietet sich Anja´s Museumscafé, das nicht nur Museumsbesuchern offensteht und stets gut besucht ist, zur Einkehr an (anjas-museumscafe.de). Wer keinen Platz findet, sollte sein Glück gegenüber dem Rathaus im Café Lebenskunst (cafe-lebenskunst.de) versuchen.

Das Stadtschloss in Treuchtlingen

AUF EINEN BLICK

STADT/REGION: Weißenburg/Weißenburger Alb
BESTE REISEZEIT: Frühling bis Herbst
OPTIMALE REISEDAUER: 2 Tage
TOURISTINFO: Tourist-Information Weißenburg, Martin-Luther-Platz 3, 91781 Weißenburg, Tel. 09141/90 71 24, tourist@weissenburg.de, weissenburg.de

SEHENSWÜRDIGKEITEN

RÖMERMUSEUM WEISSENBURG: Doktor-Martin-Luther-Platz 3–5, 91781 Weißenburg, Tel. 09141/90 71 24, museen-weissenburg.de
KASTELL BIRIANCA: Am Römerlager 16, 91781 Weißenburg
THERME BIRIANCA: Am Römerbad 17A, 91781 Weißenburg, Tel. 09141/90 71 27, museen-weissenburg.de
HOHENZOLLERNFESTUNG WÜLZBURG: museen-weissenburg.de
RESIDENZ ELLINGEN: Schlossstraße 9, 91792 Ellingen, Tel. 09141/97 47 90, schloesser.bayern.de
STEINERNE RINNE BEI ROHRBACH: Rohrbach, 91796 Ettenstatt, GPS: 49.05233, 11.04925
STEINERNE RINNE BEI WOLFSBRONN: Wolfsbronn, 91802 Meinheim, GPS: 49.00973, 10.78832
FOSSA CAROLINA: Karlsgrabenstraße, 91757 Graben, GPS: 48.98374, 10.922
ALTMÜHLTHERME: Bürgermeister-Döbler-Allee 12, 91757 Treuchtlingen, Tel. 09142/960 20, altmuehltherme.de
MUSEUM TREUCHTLINGEN: Josef-Lidl-Straße 3, 91757 Treuchtlingen, Tel. 9142/960 07 31, museum-treuchtlingen.de

WOHNMOBILSTELLPLATZ TREUCHTLINGEN

ADRESSE: Kästleinsmühlenstraße 20, 91757 Treuchtlingen, Tel. 09142/96 00 60
ANFAHRT: Von der B 2 bei Treuchtlingen Ausfahrt Richtung Treuchtlingen und Altmühltherme, am Kreisverkehr rechts fahren und sofort danach wieder rechts, an der Shell Tankstelle halten und einchecken, dann weiter bis zum Stellplatz. Oder erst zum Stellplatz,

◀ Wohnmobilstellplatz Treuchtlingen ▶ Golfanlage Zollmühle

einen freien Platz aussuchen und mit der gemerkten Nummer zur Tankstelle gehen und einchecken, wo man Unterlagen und Schlüssel für die Sanitärgebäude bekommt.

GPS: 48.9607, 10.91818

Sehr ruhig gelegener, ebener Stellplatz mit Schotter und Rasengittersteinen gegenüber dem Kurpark. Große Plätze mit Stromanschluss, für Dickschiffe geeignet. Wenig Schatten, Hunde erlaubt. Sanitärgebäude mit WC, Dusche (inkl.), Geschirrspülbecken, Waschmaschine und Trockner, Ver- und Entsorgung mit Bodeneinlass. WLAN (inkl.), Spielplatz und Minigolf gegenüber im Kurpark, Altmühltherme 300 m entfernt. Gutes Radwegenetz für Radtouren in alle Richtungen.

WOHNMOBILSTELLPLATZ GOLFANLAGE ZOLLMÜHLE

ADRESSE: Zollmühle 1, 91792 Ellingen, Tel. 09141/39 76, golfanlage-zollmuehle.de/gaeste/wohnmobile

ANFAHRT: Von Süden kommend auf B 2 vorbei an Weißenburg, 3 km nach der Abfahrt Ellingen und B 13 links abbiegen und Beschilderung Golfplatz folgen. Rechts bei den Parkplätzen für Golfer separate geschotterte Fläche für Wohnmobile. Anmelden im Sekretariat.

GPS: 49.08126, 10.96599

Ebene, geschotterte Fläche ohne Begrenzungen, für Dickschiffe geeignet, mäßige Gebühr für Nichtgolfer, Hunde erlaubt. Sehr schöne und ruhige Lage im idyllischen Tal der Schwäbischen Rezat ohne Straße. Gastronomie mit Terrasse. Dusche, WC im Clubhaus in der ehemaligen Mühle, Strom, WLAN, Frischwasser, keine Entsorgung von Grauwasser und Toilette. 9-Loch-Golfplatz und Driving Range.

REISE DURCH DEN KRATER

Erdgeschichte und alte Städte im Nördlinger Ries

Am Rand des Nördlinger Rieses bei Oettingen

Wo vor 15 Millionen Jahren das Nördlinger Ries entstand, liegen heute Nördlingen mit seiner wunderschön erhaltenen Altstadt, die Residenzstadt Oettingen an der Wörnitz und das malerische Kleinod Wemding. Entlang des Kraterrands trifft man auf zahlreiche bedeutende Burgen und Schlösser, keltische Ringwälle und geheimnisvolle Karsthöhlen.

Im Nördlinger Ries mit seinen rund 25 Kilometern Durchmesser liegt die namensgebende Stadt Nördlingen mit ihrer bestens erhaltenen und komplett von einer Mauer umschlossenen Altstadt. Am Kraterrand, der die fast kreisrunde Ebene umgibt, reihen sich die unterschiedlichsten Sehenswürdigkeiten aneinander – der Tafelberg Ipf mit einem keltischen Ringwall, das feudale Schloss Baldern auf einer benachbarten Erhebung, die Ofnethöhlen bei einem römischen Gutshof, die märchenhafte Harburg, das gut erhaltene historische Städtchen Wemding mit der berühmten Wallfahrtskirche Maria Brünnlein und die romantische Residenzstadt Oettingen mit ihrem romantischen Naturflussbad.

URKNALL AUF DER ALB

Als die Dinosaurier schon 50 Millionen Jahre ausgestorben waren, traf ein Meteorit mit etwa 1000 Meter Durchmesser und 70 000 Stundenkilometern auf die Albhöhe. Die Wucht von 25 000 Hiroshima-Bomben schleuderte Gestein aus dem 4,5 Kilometer tiefen Krater Hunderte von Kilometern in die Umgebung, 100 Kilometer schoss eine Glutwolke in den Himmel. Im Umkreis von mehr als 100 Kilometern war alles Leben ausgelöscht. Bis in die 1960er-Jahre glaubte man, dass es sich beim Ries um einen erloschenen Vulkankrater handelt, bis amerikanische Wissenschaftler mineralische Gesteine entdeckten, die sich nur durch den unvorstellbaren Druck eines Meteoriteneinschlags bilden konnten, was die Entstehung des Rieses endlich erklärte.

NÖRDLINGEN – EHEMALIGE FREIE REICHSSTADT

Dem Thema der Entstehung des Nördlinger Rieses im Speziellen und unseres Planetensystems im Allgemeinen widmet sich das international renommierte **Rieskratermuseum**, das in einem historischen Gebäude in der Nördlinger **Altstadt** untergebracht ist. Sogar Original-Mondgestein kann man hier bestaunen. Zahllose Baudenkmäler gibt es in den alten

Kopfsteinpflasterstraßen und malerischen Gassen der ehemaligen freien Reichsstadt zu entdecken. Die **Stadtmauer** ist noch vollständig erhalten und rundum begehbar. Einen einzigartigen Blick auf die gesamte Stadt und das Nördlinger Ries hat man nach dem Erklimmen der 350 Stufen, die zur Turmspitze des **Daniel** führen, des Wahrzeichens von Nördlingen. Er ist der höchste Turm der Stadt und gehört zu **St. Georg**, einer wunderschönen spätgotischen Hallenkirche. Im Innenraum sind außer dem Kreuzrippengewölbe die gotische Kanzel und das Chorgestühl besonders erwähnenswert. Am nördlichen Ende des Marktplatzes steht das **Rathaus** mit dem bemerkenswerten **Treppenaufgang** aus Suevitstein. Seit 1382 wird das »Steinhaus zu Nördlingen«, dessen Ursprünge noch älter sind, als Rathaus genutzt. Am Chor der St. Georgskirche steht seit 1902 der **Kriegerbrunnen** des bekannten Bildhauers Georg Wrba. Besonders malerisch ist das **Gerberviertel** um das Flüsschen Eger im nördlichen Teil der Altstadt. Erst 1961 wurde hier der letzte Betrieb geschlossen.

Den besten Startpunkt für eine Stadtbesichtigung hat man vom **Wohnmobilstellplatz** aus. Er liegt nur wenige Meter vom Balinger Tor entfernt, durch das man die Altstadt betritt und wo man gleich das Rieskratermuseum und das Gerberviertel erreicht. Hier ist ein Bummel vor allem abends in der blauen Stunde besonders idyllisch. Der Stellplatz wird auch gerne im Dezember von den Besuchern des Weihnachtsmarktes genutzt.

◀ Gotische Hallenkirche St. Georg ▶ Der Kriegerbrunnen von Georg Wrba

◀ Die Ofnethöhle am Riegelberg ▶ Römischer Gutshof im Maienbachtal

SPUREN DER GESCHICHTE

Am südwestlichen Rand der fruchtbaren Ebene des Rieses trifft man auf die beiden **Ofnethöhlen**, zwei Karsthöhlen in einem Naturschutzgebiet an einem Berghang, zu dessen Füßen die Grundmauern eines **römischen Gutshofs** liegen. In einer der Höhlen wurde Anfang des 20. Jahrhunderts die 13 000 Jahre alte Begräbnisstätte von 33 menschlichen Schädeln entdeckt, anscheinend rituelle Kopfbestattungen von vorwiegend Frauen und Kindern. Das ganze Areal ist frei zugänglich (GPS: 48.81685, 10.44818).

Nordwestlich bei Bopfingen erhebt sich die 668 Meter hohe markante Erscheinung des **Ipf**. Der gesamte Berg ist geprägt von **Wall- und Grabensystemen**, die bis in die späte Bronzezeit zurückreichen. In der Umgebung gibt es viele Siedlungen, Gräberfelder der Hallstatt- und Latènezeit sowie keltische Viereckschanzen. In der Eisenzeit war der Ipf ein bedeutender Verkehrsknotenpunkt im Fernhandelsnetz zwischen Donau, Main und Neckar. Er wird dank entsprechender Funde zu den keltischen Fürstensitzen gerechnet. Neben einer imposanten befestigten Höhensiedlung und importierten Luxusgütern aus dem Mittelmeerraum wurden 2001 die Kreisgräben von zwei monumentalen **Grabhügeln** entdeckt. Der kleinere enthielt eine Brandbestattung und ist mittlerweile rekonstruiert.

Seit den 1960er-Jahren ist der Ipf dank seiner Pflanzenwelt (unter anderem Wacholderheiden), um dessen Pflege und Erhalt sich auch Schafherden kümmern, als **Naturschutzgebiet** ausgewiesen. Vom Parkplatz aus führt ein Fußweg auf das Gipfelplateau mit herrlicher Aussicht auf die Schwäbische Alb und das Nördlinger Ries (GPS: 48.86934, 10.36653).

▲ Blick auf das Ries vom Bockberg bei Harburg ◀ Die Harburg
▶ Barockschloss Baldern

STOLZE BURGEN IN PRÄCHTIGER LAGE

Nördlich von Bopfingen lieg auf einer bewaldeten Anhöhe **Schloss Baldern**, das als kleine Barockperle der Region gilt. Die ursprüngliche Stauferburg wurde im 18. Jahrhundert zur prunkvollen Residenz der Grafen und Fürsten zu Oettingen ausgebaut. Als sehenswert gelten die große private **Waffensammlung** des Fürstenhauses sowie der beeindruckende **Festsaal**.

Ein Highlight für Freunde englischer Gartenkultur sind die **Wallerstein Gardens**. Inspiriert durch zahlreiche Gärten in England, hat Prinzessin Anna zu Oettingen-Wallerstein auf Schloss Baldern einen einzigartigen »Walled Garden« im Stil des 19. Jahrhunderts angelegt. Der Besucher wandelt durch verschiedene Gartenräume und wird immer wieder aufs Neue in einer eigenen Welt eingefangen – was auch den Namen »Walled Garden« erklärt.

Am südlichen Rand des Rieses, wo sich die **Wörnitz** dramatisch durch ein enges Tal windet, liegt an ihren Ufern, die von einer mittelalterlichen Steinbogenbrücke überspannt wird, beengt die kleine Altstadt von **Harburg**. Hoch oben thront majestätisch **Schloss Harburg**, das zu den ältesten und besterhaltenen Burganlagen Süddeutschlands zählt. Außer einem prächtigen Festsaal im einstigen Residenzgebäude und der barocken Schlosskapelle sieht man alles, was man von einer mittelalterlichen Burg erwartet. Ganz in der Nähe liegt der 562 Meter hohe **Bockberg** direkt an der Rieskante, von dem aus man einen weiten Blick ins Ries hinein, über das Wörnitztal und bis nach Donauwörth hat.

BILDSCHÖNES WEMDING

Einen ebenfalls guten Blick vom Kraterrand ins Ries hat man vom Standort der Wallfahrtskirche **Maria Brünnlein** bei Wemding. Sie ist einer der meistbesuchten Wallfahrtsorte in Bayern. 1680 brachte ein Wemdinger Schuhmacher das Gnadenbild Unserer Lieben Frau, das auf dem Gnadenaltar steht, von Rom nach Wemding. 1748 bis 1782 wurde die heutige Rokokokirche erbaut, die eine zu kleine Kapelle von 1692 ersetzte. 1998 wurde sie von Papst Johannes Paul II. zur Basilika minor erhoben.
Auf keinen Fall sollte man versäumen der gepflegten und gut erhaltenen **Altstadt von Wemding** einen Besuch abzustatten, die man vom Wohn-

◀ Wallfahrtskirche Maria Brünnlein ▶ Marktplatz in Wemding

mobilstellplatz und Parkplatz am Johannisweiher sehr gut erreicht. Der **Marktplatz** mit seinen teils prächtigen Gebäuden ist einer der schönsten Schwabens. Nördlich davon steht die mächtige katholische Stadtpfarrkirche **St. Emmeram**. Besonders schön, mit prächtigen alten Häusern, ist auch die **Wallfahrtstraße** vom Marktplatz zum Amerbacher Tor.

Neben der Sparkasse steht das **Geburtshaus von Leonhart Fuchs**, dem Namensgeber der Fuchsie. Es misst an seiner schmalsten Stelle nur 1,50 Meter. Leonhart Fuchs (1501–1566) verfasste als Arzt und Botaniker über 50 Bücher und wurde von Kaiser Karl V. geadelt. 1696 entdeckte der französische Botaniker Plumier die Fuchsienpflanze in Südamerika und gab ihr Leonhart Fuchs zu Ehren den Namen Fuchsie.

SAGENWEG Vom Park- und Wohnmobilstellplatz am Johannisweiher startet der 14 Kilometer lange, sehr schöne Themenwanderweg »Sagenweg«. Entlang des Riesrandes bietet er auf naturnahen, pfadigen Strecken einige schöne Aussichten und führt vorbei an Bächen und Teichen zu geologisch interessanten und mystischen Orten, um die sich alte Sagen ranken.

◀ Altstadt Oettingen ▶ Wasserfest bei der Jakobi-Kirchweih Oettingen

Im Wörnitz-Flussfreibad in Oettingen

OETTINGEN – RESIDENZSTADT AN DER WÖRNITZ

Am nördlichen Riesrand, wo die Wörnitz die Ebene betritt, liegt die Residenzstadt Oettingen, die noch weitgehend von einer Stadtmauer aus dem 13. Jahrhundert umgeben ist. Nach der Reformation war die Stadt in einen katholischen und einen evangelischen Teil gespalten, da hier eine katholische und eine evangelische Linie des Herrscherhauses residierten, was sich heute noch am **Marktplatz** zeigt, wo sich barocke evangelische Fassaden und katholische Fachwerkhäuser gegenüberstehen. Das barocke **Residenzschloss** beeindruckt mit opulenten Stuckarbeiten und einem prächtigen Festsaal, der heute gerne für Konzerte genutzt wird. Am nördlichen Stadtrand teilt sich die **Wörnitz** und umfließt eine Insel, auf der sich ein Wildgehege, eine Kneippanlage, ein neu angelegter Minigolfplatz und das traumhafte **Wörnitz Flussfreibad** befinden. Südlich der Insel schließt sich in wunderschöner Lage am Fluss der Wohnmobilstellplatz an.

Vier Tage lang feiern die Oettinger ihre **Jakobi-Kirchweih** Ende Juli. Der Höhepunkt des Festes steigt am Samstagabend. Nach Einbruch der Dunkelheit findet auf der Wörnitz das weithin bekannte Wasserfest mit einem Bootskorso statt, das mit einem brillanten Barockfeuerwerk endet. Zu den vielen interessanten Events gehört auch ein Treffen historischer Traktoren. Während der Kirchweih allerdings bleibt der Wohnmobilstellplatz leider geschlossen.

AUF EINEN BLICK

STADT/REGION: Nördlingen/Nördlinger Ries
BESTE REISEZEIT: Frühling bis Herbst
OPTIMALE REISEDAUER: 2–3 Tage
TOURISTINFO: Tourist-Information der Stadt Nördlingen, Marktplatz 2, 86720 Nördlingen, Tel. 09081/841 16, tourist-information@noerdlingen.de, noerdlingen.de

SEHENSWÜRDIGKEITEN

RIESKRATERMUSEUM: Eugene-Shoemaker-Platz 1, 86720 Nördlingen, Tel. 9081/847 10, rieskrater-museum.de
SCHLOSS BALDERN: Schlossparkstraße 12, 73441 Bopfingen, Tel. 07362/968 80, fuerstwallerstein.de/schloss-baldern
SCHLOSS HARBURG: Burgstraße 1, 86655 Harburg (Schwaben), Tel. 09080/968 60, burg-harburg.de
MARIA BRÜNNLEIN: Oettinger Straße 103, 86650 Wemding, maria-bruennlein.de
RESIDENZSCHLOSS OETTINGEN: Schlossstraße 1, 86732 Oettingen, oettingen-spielberg.de
WÖRNITZ FLUSSFREIBAD: Schießwasen, 86732 Oettingen, Tel. 09082/96 19 90

WOHNMOBILSTELLPLATZ KAISERWIESE NÖRDLINGEN

ADRESSE: Innerer Ring, 86720 Nördlingen, wohnmobilstellplatz-noerdlingen.de
ANFAHRT: Die Bundesstraßen 25, 29 und 466 führen sternförmig auf Nördlingen zu. Richtung Zentrum fahren, der Beschilderung folgen.
GPS: 48.85546, 10.48444
Der ganzjährig geöffnete Wohnmobilstellplatz liegt in relativ ruhiger Lage am Rande eines Parkplatzes für Besucher der Altstadt. 30 ebene Stellplätze auf Asphalt und Verbundsteinpflaster, Stromanschlüsse vorhanden. Gebühr zahlbar an Parkscheinautomat. Kein WLAN, öffentliches kostenloses WC auf dem Platz, Ver- und Entsorgung mit Bodeneinlass. Zu Fuß ist die Altstadt schnell erreichbar. Zahlreiche Rad(fern)wege bieten die Möglichkeit, die Umgebung zu erkunden.

◀ Campingpark Wemding am Badesee ▶ Wohnmobilstellplatz Nördlingen

CAMPINGPARK WEMDING

ADRESSE: Wolferstädter Straße 100, 86650 Wemding, Tel. 09092/901 01, campingpark-wemding.de
ANFAHRT: Anreise von Westen oder Süden nach Wemding, an der Kreuzung östlich der Altstadt rechts Richtung Monheim und gleich links abbiegen Richtung Wolferstadt. Nach 1 km liegt der Campingplatz rechts der Straße am Badesee Lohweiher. Aus Richtung Norden kommend liegt der Platz kurz vor Wemding links der Straße.
GPS: 48.88463, 10.73495
Gepflegter, großer, voll ausgestatteter Campingplatz mit modernen Sanitäranlagen, Gastronomie, Entsorgungsstation für Wohnmobile. Stellplätze auf Rasen, ruhige Lage am Badesee. Strandbad mit Kinderplanschbecken, Riesenrutsche, Beach Bar, Minigolf und Liegewiesen. Entfernung zur Altstadt gut 1 Kilometer. Guter Ausgangspunkt für Radtouren, unter anderem die große Radrunde »Von Krater zu Krater«.

WOHNMOBILSTELLPLATZ OETTINGEN

ADRESSE: Schießwasen 16, 86732 Oettingen, TEL. 09082/709 52, tourist-information@oettingen.de, stadt-oettingen.de
ANFAHRT: Auf der B 466 nach Oettingen, am Kreisverkehr mit dem Kupfer-Braukessel abbiegen Richtung Dinkelsbühl, dann gleich rechts auf den Schießwasen.
GPS: 48.95705, 10.60896
Ruhig gelegener Stellplatz nahe der Wörnitz am Rand der Festwiese für 26 Wohnmobile bis 8 m, 1 davon für Dickschiffe. Ebener, geschotterter und gepflasterter Untergrund. Stromanschlüsse vorhanden, Ver- und Entsorgung ohne Bodeneinlass. Bezahlung per App. Idealer Standort für Besichtigung der Stadt und der Residenz (500 m). Nach 150 m erreicht man die Wörnitzinsel mit Minigolf und Flussfreibad. Idealer Startpunkt für Radtouren auf dem Wörnitz-Radweg.

ORTS- UND SACHREGISTER

CAMPING- UND STELLPLÄTZE

IMPRESSUM

Verantwortlich: Kerstin Thiele
Lektorat: Helga Peterz
Layout- und Umschlaggestaltung:
Helene Schumacher
Satz: Silke Schüler
Repro: LUDWIG:media
Kartografie: Huber Kartografie
Herstellung: Alexander Knoll
Printed in Poland by CGS Printing

Unser komplettes Programm finden Sie unter

Sind Sie mit diesem Titel zufrieden? Dann würden wir uns über Ihre Weiterempfehlung freuen. Erzählen Sie es im Freundeskreis, berichten Sie Ihrem Buchhändler, oder bewerten Sie bei Onlinekauf. Und wenn Sie Kritik, Korrekturen, Aktualisierungen haben, freuen wir uns über Ihre Nachricht an Bruckmann Verlag, Postfach 40 02 09, D-80702 München oder per E-Mail an lektorat@verlagshaus.de.

Alle Angaben dieses Reiseführers wurden vom Autor sorgfältig recherchiert sowie vom Verlag geprüft. Für die Richtigkeit der Angaben kann jedoch keine Haftung übernommen werden, weshalb die Nutzung auf eigene Gefahr erfolgt. Insbesondere bei GPS-Daten können Abweichungen nicht ausgeschlossen werden. Bei Links auf Webseiten Dritter machen wir uns die Inhalte derselben nicht zu eigen und übernehmen für diese keine Haftung.

Aus Gründen der besseren Lesbarkeit verwenden wir in diesem Buch das generische Maskulinum. Weibliche und anderweitige Geschlechter-Identitäten werden dabei ausdrücklich mitgemeint, soweit es für die Aussage erforderlich ist.

Bildnachweis: Die Bilder im Innenteil und auf dem Umschlag stammen vom Autor, außer S. 48: © Pflugsmühle

Umschlagvorderseite: Kloster Weltenburg, Weltenburger Enge

Die Deutsche Nationalbibliothek verzeichnet diese Publikation in der Deutschen Nationalbibliografie; detaillierte bibliografische Daten sind im Internet über http://dnb.d-nb.de abrufbar.

ISBN 978-3-7343-2717-9